이석환 산문집

집에 혼자 있을 때면

집에 혼자 있을 때면

　　혼자 있는 것을 좋아하지 않습니다. 특히 집에서 보내는 혼자만의 시간은 휴식보단 견뎌야 하는 시간에 가깝게 느껴집니다. 호흡과 언어, 몸짓과 온도 같이 사람이 흘릴 수 있는 부스러기를 좋아한다는 말입니다. 오늘도 어김없이 집 밖으로 나갑니다. 마땅히 가야 할 장소도 없고 만날 사람도 없지만 집에서 풍기는 텅 빈 공기의 악취를 견뎌낼 재간이 없는 것이지요. 누구라도 좋으니 딱 한 사람만 있다면, 말을 하지 않아도 괜찮고 나와 눈빛을 주고받지 않아도 괜찮으니 이 공간에 단 한 사람만 있다면 저는 공허함이 부패된 악취 대신 사람 냄새를 맡으며 안도할 수 있었을 겁니다. 그러나 반전은 없고 집에는 역시나 저 혼자입니다. 집에 혼자 있는 것만 아니면 된다는 생각이, 이 공간에 누구라도 있으면 모든 게 괜찮아질 것 같다는 생각이, 집으로부터 벗어나기만 하면 외롭지 않을 것 같다는 생각이 무거운 몸을 집 밖으로 밀어내 어디로든 나가게 합니다.

홍대와 합정을 잇는, 번쩍이는 상가와 북적이는 인파로 정신없는 거리를 걷습니다. 사소한 것에도 왁자지껄한 여고생 무리와 다정히 손을 잡고 걷는 커플들, 연로한 어머니의 팔짱을 끼고 걷는 어엿한 딸과 아빠 목에 올라 타 누구보다 높은 곳에서 거리를 내려 보는 유년의 남자아이가 저를 스칩니다. 여기저기서 흘러나오는 음악과 해일처럼 밀려들어오는 군중에 묻히면 나는 금세 혼자가 아닌 사람이 된 것 같아 위로를 받습니다. 그렇지만 그들과 저의 발걸음은 어딘가 조금 다른 것 같다는 생각이 듭니다. 다채로운 색깔의 물감 웅덩이를 밟아 걸음마다 경쾌함과 설렘이 묻어나는 사람들과 달리, 아무 색깔도 묻지 않고 아무 것도 담기지 않은 제 걸음은 어딘가 병들어 보이기까지 하는 것이지요. 어쩌면 발걸음이란 볼 수 없는 마음을 드러내 보이는 하나의 도구일지도 모르겠다는 생각이 들었습니다.

외로움으로부터 도피한 곳에서 더 큰 외로움을 마주한 것 같다는 생각이 듭니다. 내 사람이 아닌 사람들에게 얻는 위로는 생각했던 것보다 훨씬 더 찰나였던 것이지요. 도로 집으로 돌아옵니다. 다시 혼자가 됐습니다. 어쩌면 저는 함께였던 적 없이 내내 혼자였던 걸 수도 있습니다.

목차

/ 집에 혼자 있을 때면

*
1장 / 「별 거 아닐 수 없는, 별 거 아닌 것」

무력 - 12
지하철에서 - 17
방어기제의 양면성 - 19
밥과 술 - 21
원격 - 23
밥 먹다가 - 24
겨울은 회색 - 26
우박 - 28
사랑하면 닮는다는데
우리는 왜 닳게만 하나요 - 31
별 거 아닐 수 없는 별 거 아닌 것 - 33
어울리지 않는 단어들의 조합 - 36
걱정 괴물 - 38
그의 사랑 - 40
실감 능력 - 45
*부모님을 모시고 - 51
**부모님을 모시고 - 54
***부모님을 모시고 - 58
제 물건을 버리는 아버지와
외롭다는 어머니 - 62
알찬 변명 - 66
장미밭 한가운데에서 - 67
우울하면 잠을 자요 - 69
나라도 기억해야 한다 - 71
유예된 편지 - 73
보라색 안개꽃 - 75
이별 후에 - 78

만칠천 원 - 79
이타적인 사랑 - 81
권태 - 85
빈 수레 - 87
돌멩이 - 89

2장 / 「꿈에서야 당신의 표정을 읽을 수 있었다」

아주 가끔은 그냥 좀
안아줄 사람이 필요하다 - 94
하늘을 지우다 - 95
노력 - 98
어느 통증 - 99
라이터 - 101
부활 - 102
항해 - 106
그 마음, 나도 알 것 같아 - 107
그저 당신이 웃으면 됐지요 - 108
이름 - 111
사랑한다면 - 113
책장 - 115
가을과 함께 올 당신에게 - 117
향기와 음악 - 119
상상도 못 해먹을 이별 - 12-
덕분에 - 123
여느 날, 어느 사람의 특별한 사랑 - 124
공통점 - 126
잘자 - 127
살 - 129
선물의 의미 - 131
눈물로 바다를 만들 수도 있겠다 - 133

목차

다정한 시야 - 134
거짓말의 희열 - 136
어느 행성 - 137
당신은 어떨까 - 138
신(神) - 140
우리 - 142
무방비 상태 - 144
하나도 무섭지 않아 - 145
이 또한 자명한 사랑이다 - 147
돌고 도는 선물 - 150
맛있게 익은 우리 - 152
꽃 한 송이 - 155
그 향기는 잘 지낼까 - 157
눌리지 않는 삭제 버튼 - 159
능력 - 161

3장 / 「적당히 행복해」

그냥 할 수 있던 일들이
이젠 용기를 가져야만 할 수 있다 - 166
변하는 것 - 169
물건은 새 것,
사람은 헌 것이 좋다던데 - 171
좋아진 게 좋은 걸까 - 173
어려운 길 - 175
가을, 바람 - 177
지나갔기에 아름다운 것 - 178
어른은 어떻게 되는 걸까요 - 180
일방통행 혹은 과속 - 181
어딘가로 보내고 싶었던
3월의 편지 - 183

목차

눈치껏 해야지 - 188
사계절 - 191
'행복'하면 떠오르는 기억들 - 193
답답해 - 196
우는 게 창피하진 않지만
그만 울고 싶다 - 197
웨이팅 - 199
흩어지는 것 - 200
'~것 같다' - 201
고장난 냉장고 - 202
적당히 행복해 - 206
안전장치 - 208
계절을 닮은 당신 - 211
굳이 - 212
내 마음인데 왜 - 213
가냘픈 시간 - 215
츄러스는 무슨 맛일까 - 216
내가 괜찮아지기 전까지는 - 220
약속 - 222
일 년 중
가장 별로인 날 - 224
고민상담 - 227
취향 - 228
양면성 - 229
간절함이 초라해지더라도 - 230
병신새끼 - 231
빛 좋은 개살구 - 233
누군 하고 싶어서 하나 - 234

*
/ 에필로그

별 거 아닐 수 없는, 별 거 아닌 것

1장

별 거 아닐 수 없는,
  별 거 아닌 것

무력

07시 00분

휴일인데도 아침 일찍 눈이 떠졌다. 아마 매일 새벽에 출근하던 습관 때문인 것 같다. 할 일도 없고 약속도 없고 의무적으로 연락을 해야 하는 사람도 없다. 커튼이 없어 얇은 담요를 대충 걸어 놓은 창문 틈 사이로 햇빛이 광활하게 들어온다. 떠지지 않는 눈을 반만 치켜뜨고 자는 동안 남겨진 휴대폰의 알림들을 확인한다. 여러 광고 메시지와 애플리케이션의 안내, SNS에 남겨진 알림과 업데이트 알림들. 나는 피곤하면 잠에 들지만 네트워크 세계는 잠들지 않는다. 이 명백하고도 자명한 사실은 쉼 없는 삶의 삭막함을 투영하지만, 때론 이 시대를 살아가는 외롭고 쓸쓸한 이들에게 실낱같은 힘이 되어주기도 한다는 것을 느낀다.

10시 22분

　　선잠에 들었다가 깨어나 멍하니 천장을 바라보며 생각에 잠긴다. 꼭 해야 할 일도 없고 꼭 하지 말아야 할 일도 없는, 말 그대로 휴일이란 완전하고 완벽한 자유를 갖게 한다. 흰 도화지 같은 오늘에 과연 어떤 색을 칠하면 좋을지 은근한 기대를 하면서 기지개를 켜고 이불 밖으로 나온다.

11시 08분

　　슬슬 허기짐을 느끼고 배달음식을 주문한다. 휴일 느낌을 내기 위해 오늘만큼은 미리 구비해둔 식자재에 눈길을 주지 않는 것이다. 식사를 하며 습관적으로 휴대폰을 들여다본다. 새로운 뉴스와 SNS로 맺어진 이들의 하루를 엿보다 보면 지구라는 행성은 늘 시끄러운 곳이라는 것을 새삼 실감한다. 밥을 다 먹으면 곧장 침대에 드러누워 뒹굴 거린다. 휴일의 참맛은 일터에서와는 달리 내 몸을 내 의지대로 얼마든지 움직일 수 있다는 사실에서 온다. 그러다가 이 몸짓엔 아무런 의미도 깃들어있지 않다는 것이 한심해서 책을 펴보지만 읽히진 않는다. 노트북을 켜면 뭔가 할 게 생기지 않을까 싶어 전원 버튼을 눌러보지만 마우스만 쥔 채로 어느 것도 하지 않게 된다.

16시 17분

　　하루의 아홉 시간을 허무하게 보내버렸다. 뭘 한지 기억은 나지 않는데 시간만 훌쩍 지나가 있었다. 지난날에도 이와 비슷한 경험을 한 적이 있다. 애인과 침대에서 부비적 거릴 때가 그렇고, 좋아하는 친구와 커피 한 잔을 앞에 놓고 수다를 떨 때라던가 취미생활에 몰두할 때 주로 시간은 이해할 수 없는 속도로 흐르곤 했다. 오늘이 불만족스러운 건 아니지만 왜인지 어딘가 텅 비어버린 것 같은 기분이 자꾸 나를 따라다닌다.

17시 02분

흥밋거리나 끌리는 게 없다는 건 나를 저 깊은 외로움의 구렁텅이로 처박아버린다는 것 같단 생각을 한다. 나를 움직이게 할 수 있는 것은 아무것도 없다는 뜻이기 때문이다. 어쩌면 외로움이란 한창 누리던 것이 부재하다는 공허함에서부터 오는 것일 수도 있겠다. 외로움에 질감이 있다면 한겨울에 부는 바람같이 시린 감촉일까. 설령 그렇다 한들 그것을 꼬옥 껴안을 수만 있다면 외롭지 않을 수도 있을 텐데. 곁을 맴돌기만 하는 시린 바람은 나를 건조하고 메마르게만 하는 것 같다. 도저히 이대로는 안 될 것 같아 인터넷에 '외로움을 달래는 법'이라고 검색해본다. 모두 식상한 답변들뿐. 화면에 초점도 제대로 맞추지 못하고 계속해서 스크롤을 내린다. 그때 보이는 하나의 문구.

'가득 찬 외로움은 사람으로 달래는 방법밖에 없어요.'

19시 46분

어느덧 하늘은 어둑해지고 다시 허기짐을 느낀다.

돼지의 앞 뒷다릿살을 함께 넣고 끓인 김치찌개와 달걀 세 개를 곱게 풀어 만든 달걀말이 지난 휴일에 본가에서 받아온 밑반찬 몇 개를 꺼내 식탁에 앉아 천천히 한 숟가락 뜬다. 외로움은 사람으로 달래는 방법밖에 없다는 말은 레시피는 있지만 재료는 구할 수 없다는 말처럼 들리기도 했다. 만드는 방법을 아는데 재료가 없다니. 숟가락이 입을 드나드는 빈도가 높아질수록 나는 더욱 극심한 외로움에 갇힌다. 암담했다. 장담할 수 없는 기간 동안 오늘처럼 지내야 할지도 모르기 때문이다. 아직 차려놓은 것의 반도 먹지 않았지만, 밥을 뜬 숟가락보다 물이 담긴 컵에 손이 더 많이 간다.

23시 59분

양치를 하고 이불을 덮자 많은 생각이 몰려든다. 외로움이 언제 이렇게 가득 차 버린 걸까. 낮에 느꼈던 시끌벅적한 지구. 그 속에 홀로 고요한 나. 그 괴리감에 쓸쓸함이 사무친다. 내가 타인을 멀리한 걸까, 타인이 나를 멀리한 걸까. 근본적인 문제부터 따져봐야 할 일이지만 이에 대해 일말의 고민도 하고 싶지 않다고 느끼는 순간, 왠지 문제의 해답과 가까워지는 것 같았다. 주변 사람들과 온전한 관계를 구축한다는 것은 막대한 에너지를 필요로 한다. 이야기를 들어줄 자상함과 고개를 끄덕여줄 성의, 마주 보고 웃어줄 상냥함과 메시지나 전화를 이어 나갈 성실함 같은 것. 이외에도 더 많은 게 필요하겠지만 관계 유지를 위해서는 최소한 이정도의 힘은 필요했던 거다. 그러나 내게는 그럴 힘이 남아 있지 않았다. 하루하루를 살아내면서 늘어나는 배신과 낙심, 절망과 회의, 상처와 트라우마에 지쳐 더 이상 관계에 들일 에너지가 없었던 것이다. 내가 온전치 못한 상황에서 어떻게 건강한 관계를 이어나갈 수 있을까. 사람이 고프지만 사람이 싫은, 악순환이었다.

01시 07분

낮에 서칭하며 봤던, 외로움은 사람으로 달래는 방법밖에 없다는 글이 떠오른다. 그게 완벽한 해결법은 아닐 거다. 무슨 물건 꺼내듯이 외로울 때마다 사람들을 불러낼 수는 없는 거니까. 그저 짧은 시간에 소화를 돕는 활명수 같은 것이겠지. 사람이 없어도 외롭지 않을 방법은 뭐가 있을까 하며 잠에 든다.

지하철에서

　두꺼운 패딩 점퍼를 입은 사람들이 늘어난다. 슬슬 날이 추워지고 있다는 말이 무안할 만큼 완연한 겨울이 온 것이다. 이런 날엔 뜨끈한 물로 오랫동안 몸을 지지고 곧장 전기장판 위에 몸을 뉘는 것만큼 큰 안락이 없다. 지하철에 올라 빈자리에 앉는다. 각자 본인의 체온을 보호하기 위해 껴입은 옷들이 어쩐지 자리를 좁게끔 한다. 양팔을 몸쪽으로 당겨 대중교통 에티켓을 갖춘다. 그럼에도 비대해질 대로 비대해진 몸이기에 나와 옆 사람의 어깨나 팔이 닿지 않을 수는 없다. 그때 느껴지는 포근함. 평소라면 불편하게 느꼈을 수도 있을 협소함이 오늘따라 유독 아늑하다. 점퍼와 점퍼의 맞닿음이 누군가에게 안겨 있는 것만 같은 착각을 하게 하는 것이었다.

포근함에 취해 이대로 조금만 더 앉아 있고 싶단 생각을 할 무렵, 내려야 할 정거장을 한참 지나쳤다는 걸 알게 됐다. 지금이라도 얼른 내려서 반대편 열차를 타야 하지만 엉덩이가 의자에 붙은 듯 떨어지지 않는다. 대체 몇 정거장이나 지나친 걸까 하는 순간에도 열차는 꾸준히 달린다. 문이 열리고 닫히기를 반복하고 돌아가는 길이 점점 멀어지지만 좁은 포옹에서 벗어나기 싫은 나는, 더 두꺼운 옷을 입은 사람이 내 옆에 앉아주길 바라며 몇 정거장을 더 지나치기로 한다. 어느 품에 안겨본 지 너무 오래됐다.

방어기제의 양면성

"넌 사랑이 절실하게 필요한 사람인데 사랑 같은 건 필요 없는 것처럼 행동하더라. 무슨 이유인진 모르겠지만 지금처럼 진심과 다르게 행동하다 보면 누군가와 마음을 주고받는 데에 있어서 많은 오류를 겪게 될 거야."

친구의 말이 내내 가슴을 찔렀다. 듣고 보니 인정할 수밖에 없는 내 모습을 들킨 순간 그저 고개만 주억거릴 뿐 아무 말도 할 수 없었다. 생각해보면 어느 관계에서든 늘 그래왔다. 모양과 크기, 색깔이나 향기까지 내가 바라는 마음의 형태가 분명하게 있음에도 전혀 필요하지 않은 사람처럼 보이려 했다. 어쩌다가 이렇지 됐을까. 언제부턴가 내가 받고 싶은 것을 상대방에게 요구하면 그에게 노력을 강요하고 부담을 얹는 일이라고 생각해왔다. 이런 강박은 오랜 세월 동안 나를 괴롭혔다. 나에게는 아주 사소한 것이라 할지라도 다른 누군가에겐 사소한 게 아닐 수도 있기 때문에 함부로 바랄 수 없었던 거였다. 바라지 못하면 주는 대로 받으면 되는데 마음에 들지 않는 것을 받으면 거짓으로라도 좋아하는 척을 못 한다. 이런 내 모습에 상대방은 자연스레 서운함을 갖는데 그런 상황이 나에게는 또 다른 괴로움으로 다가오는 것이다.

말을 하지 않고 어떻게 상대가 나를 알 수 있느냐 하고 스스로에게 물어본다. 그러게 그건 말이 안 되네 하며 답한다. 세상에 어떤 관계가 조율 없이 한 번에 딱 들어맞을 수 있겠냐고 스스로에게 물어본다. 그러게 그 말도 맞네 하고 답한다. 이를 옆에서 지켜보던 이는 타인을 나에게 맞게끔 바꾸는 게 아니라 호감을 갖고 있는 만큼 서로서로 맞춰가는 거라고 했다. 나 역시도 그렇게 생각한다. 그저 여러 강박으로부터 벗어나지 못해 몸이 따라주지 않을 뿐. 내가 느끼는 말 못 할 불편함 때문에 일방적으로 끊어냈던 수많은 인연들이 떠오른다. 그들의 입장에선 소중히 여기던 애장품을 내가 난데없이 부숴버린 것과 같을 수도 있겠다. 불편함으로부터 나를 지키기 위해 꺼내든 회피라는 칼이 어째서 상대방의 목을 겨누고 있었던 걸까. 영문도 모른 채로 남이 되어야 했던 상황에 그들이 느꼈을 허탈함과 안타까움을 나는 감히 헤아릴 수 없다. 미안하다고 할 자격도 없는 겁쟁이다.

밥과 술

연인과 이별하고 가장 먼저 찾아온 외로움은 매일같이 밥과 술을 나눠 먹던 사람이 사라졌다는 부재에서 왔다. 오늘은 무엇으로 끼니를 할지를 비롯하여 어떤 술을 택할 것인지, 음식과 술의 궁합까지 따져보는 게 우리가 가진 가장 큰 낙이었으니 말이다. 이럴 때면 동네 친구 두어 명만 있어도 덜 적적했을 텐데 아무런 연고도 없는 동네로 이사를 오곤 그저 이불 속에서 부스럭거리는 것이 할 수 있는 일의 전부였다. 시리도록 그픈 배를 부여잡고 버틸 만큼 버텨보다가 멀리 사는 친구에게 하소연했더니 그는 연인의 집에서 데이트 중이란다. 친구에게 사정을 전해 들은 연인은 내가 딱했는지 손수 밥을 해주겠다며 본인의 집으로 나를 덜컥 초대했다. 그의 초대를 받고 속 깊은 곳에서부터 무언가 울컥거리는 것이 느껴졌다. 새삼 이별의 사실을 인지함에서 오는 상실감 때문도, 손쉽게 만날 친구가 없다는 쓸쓸함 때문도, 한 번도 대면한 적 없는 친구의 연인에게 느끼는 고마움 때문도 아니었다. 밥 한 끼 먹는 일이 이토록 어려워진 것이, 그러니까 한 시간이 넘는 거리를 오가서 어색한 인사를 나누고 그들의 오순도순한 모습을 보며 다시 한번 이별을 되새기는 일을 겸해야 한다는 막막함 때문이었다. 나는 그저 배가 고팠던 것뿐인데 이런 간단한 일 조차도 쉽지 않은 일이 된 것이 어딘가 조금 서럽기도 했다. 그의 초대는 낮 동안 아스팔트를 때리던 햇살처럼 따스했지만 나는 그냥 굶기를 택했다.

늘 그렇듯 소중한 건 사소함의 탈을 쏜다. 밥과 술, 결국은 너무나도 당연해 의미 없게 여겼던 것에 나는 무너진다.

원격

　　우리 몇천 빚 갚을 돈은 없지만, 오늘 소주 한 잔 마실 돈은 있잖아. 라는 위로를 받았다. 그 말이 어쩐지 달콤하기도 하고 씁싸름하기도 해서 다크 초콜릿을 한 입 베어 먹은 것 같기도 했다.

　나는 힘들고 괴로운 상황에서 스스로 격려하고 위로하는 방법을 몰라 마냥 힘들어만 하는 사람이라 대체로 지난 날을 돌이켜볼 때면 아프고 슬픈 기억만 가득했는데, 그의 말을 듣고는 군데군데 숨은 썩 괜찮은 기억들도 조금은 더 듬어 볼 수 있게 되었다. 전에 하지 않던 자기 위로를 하려다 보니 양팔을 박박 긁고 싶을 정도로 어색했다. 왠지 오늘만큼은 그가 내 인생을 대신 살아주는 것 같았다.

밥 먹다가

평소에 잘 먹던 음식도 요리를 못하는 식당에서 한 번 먹고 나면 그 이후로부터는 그 음식을 넘어 식자재까지도 멀리하고 싶어져요. 잘 먹던 음식인데도 불구하고 안 좋은 입맛을 새겼다는 기억 때문에 전처럼 그 음식을 쉽게 주문하지 못하겠는 거죠. 가령 굴의 비린내가 심했다던가 상한 버섯을 먹었다던가 파스타 소스에 들어간 우유가 상해서 배탈이 났다거나 할 때 말이에요. 트라우마라는 게 그렇잖아요. 자연스럽던 행동에 브레이크를 밟는 거. 그런데 이게 인간관계와도 일부 일맥 하는 것 같단 생각이 듭니다. 생채기뿐인 관계가 끝나면 그 뒤로 트라우마만 남게 되어서 사랑을 넘어 사람과 관계에 대해서까지도 기피하게 되는 경우도 있기 때문이에요. 어쩌면 음식에 실망하는 것은 그리 대수로운 일이 아닐 수도 있어요. 식재료로 배탈 한 번 난 거야 재수가 없었던 것이라며 툭툭 털고 일어나면 되는데, 사람과 사람이 얽힌 일에는 체념과 용기가 쉽게 따라오지는 않으니까요. 아마도 실오라기 같이 가늘고 작은 상처를 털어내는 데에도 음식을 대할 때와는 비교도 할 수 없을 정도의 용기와 에너지를 필요로 할 겁니다. 다신 겪고 싶지 않은 아픔과 고통을 넘어서는 일이란 그런 것 같아요.

안면 없는 주방장의 솜씨에 신뢰를 갖는 것. 젓가락으로 음식을 쥐어낼 수 있는 에너지와 내 입으로 집어넣는 용기를 끌어내는 것. 음식이든 사람이든 그 정도 마음의 준비를 하는 것.

겨울은 회색

　　출근길에 본 도로는 어제 내린 눈으로 얼룩져 있었지만, 퇴근길엔 낮 동안 쬔 볕에 모든 눈이 녹아 없어지고 금세 제 모습으로 돌아왔습니다. 흔하고도 진부하지만 당신이 내게 볕과 같은 존재가 아니라면 대체 무어라 표현할 수 있을까요. 태양 근처에 없었다면 황량하게 얼어붙었을 초라한 행성들과 다를 바 없는 나를 고루 녹여주며 제 구실을 할 수 있게 도운 당신이거늘, 어느 날부터 홀로 감당해야 했던 당신의 부재는 매일 같이 뜨던 태양이 더는 떠오르지 않을 거라는 믿기 어려운 선고를 듣는 것과 같았습니다. 이별은 당신이 나를 녹여주기 전보다 더욱 황폐하게 나를 얼려 놓았어요. 그렇게 색깔이 다른 네 개의 계절이 여러 차례 지나갔지만, 여전히 초점 잃은 동공으로 제

자리를 헤매고 있다면, 그 대단타던 시간이라는 약의 효능을 의심해볼 법도 한 것 같습니다. 한 사람을 잊는 데엔 딱 사랑한 만큼의 시간만 필요할 거라고 생각했어요. 그렇지만 그것은 오만한 자위였나 봐요. 차라리 당신에게 온 마음을 쏟아버린 게 실수였다고 생각하는 게 나을 수도 있겠다는 생각이 들어요.

두꺼운 이불을 들춰 그 안으로 꾸역꾸역 몸을 넙니다. 전기장판의 온도는 높였으니 곧 발끝에 닿은 시린 감촉은 온데간데없이 사라지겠지요. 당신 없는 삶은 상상도 할 수 없을 거라던 나는 뻔뻔하게도 또 한 번의 오늘을 살아냈습니다. 지친 몸으로 집에 돌아와 사냥꾼이 쏜 총에 맞은 사슴처럼 픽하고 침대에 쓰러지면 오늘 아침에도 그랬듯 새로운 하루를 맞이하는 거예요. 이렇게 비겁한 거짓말쟁이로 살 바엔 그냥 죽어버리는 게 낫겠다고 다짐을 합니다. 그리고 이마저도 이행되지 않을 다짐이라는 것을 알게 되면 나불대기만 하는 혓바닥을 잘라내고 싶은 충동에 몸서리를 치게 돼요.

슬슬 전기장판의 열기가 침대 곳곳으로 퍼지기 시작할 즈음 다시 한번 되뇌어봅니다. 언젠가 낫는다고 하였으니 새살은 돋아날 것이라고. 그게 원래의 제 살이 아닌 흉터라 할지라도, 어쨌든 상처는 아물 거라면서요.

우박

　　오랜만에 눈이 내린다. 평소라면 별생각 없이 가던 길을 갔겠지만, 오늘은 손바닥을 뻗어봤다. 자세히 보니 눈보다는 우박에 가까운 둥글고 두꺼운 결정이었다. 좀처럼 조용하던 겨울이었는데 보기 드문 우박이 내린다니 조금 설레였다. 나는 아직도 처음 보는 것은 신기하고 오랜만에 보는 것은 놀랍게 느낀다. 손바닥에 내려앉은 우박은 아주 잠시 동안만 제 모습을 유지하더니 이내 녹아 존재를 잃어버렸다. 눈보다 더디게 녹을 줄 알았지만 녹는 속도는 별반 차이가 없었다. 지나치는 사람들의 시선을 의식하며 길바닥에 주저앉아 바닥에 쌓인 것들을 모아 손으로 뭉쳐봤다. 이것들은 뭉쳐지는가 싶다가도 흩어졌고 또 금세 녹아 없어졌다. 우박이 내리면서 온도가 조금 올랐더라면 그

때 생긴 물기와 습기로 인해 눈덩이가 됐을 텐데 자꾸 흩어지기만 하는 게 내심 아쉬웠다. 눈덩이는 그저 열심히 뭉친다고 해서 단단해지는 게 아니고 양이 많다고 커지는 게 아니었다.

손바닥을 적신 물기를 보며 누구 한 명이 죽기 전까지는 절대 부서지지 않는 눈덩이가 되자며 서로의 결정들을 뭉치던 당신과 내가 떠올랐다. 지난날의 우리는 노력하면 다 될 줄 알았다. 이 세상에서 노력하던 안 되는 것이란 단 한 개도 없다고 굳게 믿었으니까. 사랑을 노력한다는 게 말이 되냐는 노랫말도 있지만 우리는 사랑하려면 노력해야 한다고 했고 사랑하기에 노력했으며 노력하지 않는 사랑은 존재하면 안 되는 것이라 말하는 사람들이었으니까. 우리가 애초에 닿아본 적 없던 사이처럼 끝내 뭉쳐지지 못한 이유는, 손바닥과 우박의 온도 차이처럼 서로의 다름을 극복하지 못한 탓보단 물기와 습도의 부족처럼 손 쓸 수 없는 무언가의 힘 때문일 수도 있겠다는 생각이 들었다. 거대하고 막강해서 누구에게도 질 것 같지 않던 사랑이 때로는 보이지 않는 얇은 벽에 막혀 전해지지 않은 적이 상당히 많았기 때문이다.

사랑은 만병통치약이 아니었으므로 모든 역경을 허물 수 없었고, 끝내 우리는 뭉쳐지지 못한 채로 흩어져 버렸다. 상심한 채로 손바닥을 털고 일어나 가던 길을 간다. 긴 시간 동안 노력했음에도 지금은 우리 사이에 남아있는 게 하나도 없다는 사실이 서글펐다. 그러나 곧 슬퍼하기만 할 일은 아니라는 생각이 들었다. 그때의 내가 아니고 그때의 당신이 아니었다면 할 수 없었을 계산 없던 사랑과 모든 것을 사랑 다음의 순위로 올려놓는 미련한 짓을 해봤다는 건, 무엇과도 바꿀 수 없는 값진 경험일 것이라는 생각이 뒤이어 강하게 들었기 때문이다.

사랑하면 닮는다는데
우리는 왜 닳게만 하나요

     우리는 지겹도록 많이 다퉜다. 뭐가 그리 맞지 않았는지 기본 서너 시간은 지치지도 않고 다퉜다. 어떨 때는 하루에 네댓 번씩도 스파크가 튀었다. 고지식한 데다 예민하고 자존심과 고집도 센 사람이 당신과 나였으니 성냥개비만 한 불씨를 산불만큼 키우는 것도 이상한 일이 아니었다. 1교시가 끝났으니 10분 쉬고 2교시 수업을 들어야 하는 것처럼 우리는 계획적이고 철저하게 싸웠다. 이런 당신과 나를 보면 하늘이 싸우라고 맺어준 인연은 아니었을까 하는 생각도 들었다.

  맛있는 음식은 당신과만 나눠 먹고 싶어서, 예쁜 풍경을 당신과 보는 게 아니면 소용이 없어서, 잠들기 전에 전화

번호부를 뒤적이는 이유가 당신이어야 해서, 달콤한 말과 화사한 꽃은 당신에게만 전해야 해서, 우리가 하얀 도화지라면 맑은 하늘과 푸른 들판을 그리고 갖가지 색의 꽃과 예쁜 집을 짓고 싶어서 시작한 연애가, 어쩌다 물감 통을 엎어버린 것처럼 검은 얼룩만 남게 된 건지 생각하다 보면 슬픔보단 허탈함이 차올랐다.

왜 우리의 다툼은 맞지 않는 부분을 맞춰가는 발판이 되지 못하고 서로가 다르다는 사실만 더욱 견고히 다지는 과정이 된 걸까. 우리는 뭐 때문에 돈독해지지 못하고 상대가 다시는 넘어오지 못하도록 높은 벽을 쌓는 데에 열중했을까. 믿음을 주겠다던 우리는 왜 미움만 주고받았으며 사랑하면 닮는다는 말이 어째서 우리에겐 닳게 하는 말이 됐을까.

별 거 아닐 수 없는
별 거 아닌 것

　　　별 거 아닌 거로 왜 그러냐는 말에 나는 자주 격분을 한다. 사람들은 각자 예민하고 고민하게 반응하는 특정 포인트가 있는데, 이를 별 거 아닌 거라고 치부하는 것은 상대방의 취향과 성향을 전혀 고려하지 않는 말이라 생각하기 때문이다. 나는 대화하는 방식에 대해 예민한 편이다. 대화할 때 최소한의 예의를 갖춘 사람인지 아닌지 따져보는 것이다. 말하는 것에 욕심이 많아서 쉼 없이 본인 이야기만 한다던가 상대방의 말을 자주 끊는 사람들을 보면 미간이 찌푸려진다. 타인의 화두를 무시하거나 대화 주제를 무차별적으로 바꿔버리는 등 기본적으로 경청하는 태도를 갖추지 못한 사람과의 대화는 금방 지치게 되기 때문이다. 반대로 수동적인 태도로만 일관하고 단답형으로 말하는 게 습관 된 사람과의 대화는 그만큼 내가 능동적이 어야 한다는 부담을 갖게 한다.

 대화에는 주거니 받거니 하며 나눠 갖는 낯선 세계의 이질감과 그 속에서 찾아보는 공감, 내 무지의 민낯과 맞닥뜨리며 얻는 깨달음, 단단하게 쌓았던 고정관념과 삶의 틀을 무너뜨려 보며 한곳에 머무르지 아니하는 사람으로 발전하는 맛이 있다. 말하는 쪽이 됐든 듣는 쪽이 됐든 홀로 고군분투해야 하는 대화는 도무지 매력도 흥미도 찾을 수 없게 된다. 때문에 오래 전부터 나는 잘 모르는 사람과 대화할 때면 말하고 듣는 습관이 고루 분할되어 있는 사람인지를 예민하게 따져보게 된 것이다.

 친한 친구들 중에 한 명은 손 닦는 습관에 예민하고 다른 친구는 샤워를 하지 않은 상태에서 침대에 오르는 것에 민감하게 반응한다. 군대 선임은 애인이 양치를 하고 입을 열 번 이상 헹구지 않아서 헤어진 적이 있다고 했고, 전 애인은 약속을 깨뜨린 사람이 다음 약속을 먼저 잡으려 하지 않는다는 이유로 정이 떨어진 경우도 있다고 했다. 치약을 끝부분부터 짜느냐, 일주일에 두 번 이상 방 청소를 하느냐, 설거지를 쌓아두지 않고 제때 하느냐, 양말을 뒤집지 않고 벗느냐 하는 것들은 사소하고 별 거 아닌 일처럼 느껴질 수도 있겠지만, 누군가에게는 살면서 자연스레 만들어진 깨기 싫은 매뉴얼이자 루틴이다. 당신은 이해할 수 없겠지만 내게는 중요한 것. 나에게는 별 거 아닌 일이지만 당신에겐 예민한 것. 다름 아닌 개인의 기호와 취향, 습관과 성향, 가치관과 신념의 차이인 것이다.

  요즘은 자존감을 키워드로 한 책과 강연이 많다. 그 속에서 우리는 아주 대단한 존재라고 각인 시키듯 말하지만 내 생각은 조금 다르다. 우리는 아주 시시하고 사소한 것들로 이루어진 존재이다. 그렇기 때문에 이토록 보잘것없고 작은 것들에 유난을 떨고 참을 수 없어 하며 반대로 기뻐하고 행복해하는 것이다. 이를 이해하고 존중함으로 나와 타인의 영역을 온전히 지킬 수 있을 때야 비로소 우리는 보다 성숙해질 수 있을 것이다. 타인에게 쉽게 삿대질을 하는 사람은 하나의 존재를 그만큼 쉽게 부정하는 것과 다를 게 없다고 생각한다. 누군가의 이해할 수 없는 태도를 보고 공감까지는 못 할지라도, 그것을 별거 아닌 것으로 치부하지 않을 수 있다면 우리는 지금보다 더욱 근사한 사람일 수 있지 않을까.

어울리지 않는
단어들의 조합

　　작년 장마 땐 도통 비가 내리질 않아서 마른장마라는 말이 있었어요. 장마 속 가뭄이라니, 어울리지 않는 두 단어가 붙어버린 거죠. 식은땀이나 데이트 폭력 같은 말도 어딘가 어색한 조합 같고, 사랑하지만 헤어져야 한다느니 아파도 좋다느니 하는 문장 조합도 괴이하게 느껴집니다. 반면에 길고도 멀다는 뜻의 영원(永遠)이란 두 음절은 잘 어울리지만 까마득하기만 해요. 왠지 거짓 같기도 하죠. 영원할 거라면서 영원한 건 하나도 없었으니까요.

　지금보다 더 어렸을 땐 스스로가 굉장히 단단한 사람인 줄 알았어요. 넘어져도 넘어진 걸 몰랐고 상처가 나도 상처인 줄 몰랐거든요. 허공을 가르며 날아오는 악담이 가슴에 수십 차례 박혀도 전혀 개의치 않았고 누구에게 몇 대 맞더라도 하루 자고 일어나면 없던 일처럼 여겨지곤 했거든요. 그러나 제가 무딘 사람이었던 걸까요. 아니면 점점 약해지는 걸까요. 요즘의 저는 옛날과는 다르게 작은 사건과 가벼운 말에도 크게 휘청이며 정신을 차리기 어려워합니다.

왜일까요. 어른이 되면 힘도 더 세지고 똑똑해질 줄 알았는데 되레 겁이 많아지고 주저하게만 되는 것 같아요. 새로운 시도는 고사하고 일찍 포기하게 돼요. 하루를 살아낼수록 소중하고 애틋해지는 건 많아지는데 정작 손에 쥘 수 있는 건 한정적이어서 그런 걸까요. 그게 아니면 지금 붙들고 있는 것 또한 영원할 수 없다는 걸 알아버려서일까요. 크면 클수록 약점은 줄어들 줄 알았는데 오히려 몰랐던 약점들만 드러나는 것 같아요. 저는 약한 어른입니다. 이 역시도 어딘가 어울리지 않는 단어의 조합 같아요.

걱정 괴물

　　어린이집을 다닐 때였다. 어린이집은 집에서 도보로 20분 정도의 거리에 있었다. 하원을 할 즈음이면 어머니께서 데리러 오시곤 했는데 유독 그날은 신이 났는지 어머니를 두고 막 뛰어가다가 골목길에서 나오던 차량과 심하게 부딪히는 사고가 났었다. 지금 생각해봐도 어처구니없지만 나는 차에 치여 공중으로 붕 떴다가 내동댕이쳐졌음에도 곧바로 벌떡 일어나 가던 길로 또 뛰어갔다. 친구랑 놀다가 넘어져서 조금만 피가 나도 엄살을 떨곤 하는데 사고 뒤엔 마치 오뚜기처럼 일어나서 아무 일도 없다는 듯이 계속해서 뛰어갔던 것이다. 과연 몸이 멀쩡해서 계속 뛰어갔던 걸까. 아니다. 차에 치여 아픈 것보다 더욱 무서웠던 것은 골목길이나 횡단보도를 건널 때 좌우를 살펴야 한다고 하지 않았냐는 어머니의 꾸지람이었고, 그보다 훨씬 더 두려웠던 것은 바닥에 널브러진 나를 보고 걱정할 어머니의 모습이었다.

참 많은 걱정거리를 가득 안고 살던 집에서 자랐다. 근심과 걱정으로 가득 찬 부모님의 눈과 잔주름을 들여다보면 마치 주변에서 뾰족한 가시가 올라와 나를 옭아매는 것 같은 느낌을 받곤 했다. 가시는 곧 괴물이 되어 큰 아가리로 나를 잡아먹으려는 것 같은 착각도 들었다. 사랑하는 사람이 걱정거리에 놓인 것을 지켜만 보는 게 얼마나 괴로운 일인지는 많은 사람이 알 수 있을 것이다. 아무런 힘도, 능력도 갖춘 게 없던 어린 나는, 그보다 더 어렸을 때부터 우리 가족을 괴롭히고 있던 걱정거리를 같이 해결할 능력이 없었다는 것을 알고 있었다. 때문에 새로운 걱정거리를 만들지 말아야겠다는 강박관념을 강하게 갖고 있었다. 쓰러져 고통을 호소하고 있는 나를 본 어머니는 분명 새로운 걱정거리에 온몸과 마음이 휘둘렸을 테다. 자식의 건강이 첫 번째 걱정일 테고, 그 뒤로 빡빡한 형편에서 빠져나갈 병원비와 간호를 해야 하는 것까지 줄줄이 골칫거리가 됐을 것이다. 역시나 그 모습을 바라볼 수밖에 없는 나는 곧 새롭게 태어날 걱정 괴물에게 또 한 번 잡아먹히게 될 거라는 두려움을 느꼈다. 그럴 바엔 차라리 아파도 아프지 않은 척을 하는 게 모두에게 나은 방법이라 생각했다. 그때부터였던 것 같다. 괜찮은 척을 꽤 그럴싸하게 하게 된 게.

그의 사랑

　　내 유년 시절의 아버지는 어려운 사람이었다. 매사에 근엄하거나 진지해서 말을 못 붙일 정도까지는 아니었지만, 고지식하고 가부장적이어서 친근하거나 소통이 쉬운 사람은 아니었다. 부모님이 이혼하시기 전까지는 확실히 그랬다.

12살 겨울. 나는 테니스 국가대표 상비군 훈련을 받으러 두 달 동안 제주도에서 지내야 했다. 부모님은 그사이에 이혼을 결심하셨다. 훈련을 마치고 집으로 돌아왔을 때 어머니와 동생은 없었고 집은 허한 공기만 가득했다. 가구마다 빨간딱지가 붙어 있었고 바퀴벌레약 냄새와 퀴퀴한 곰팡이 냄새가 섞여서 났다. 무슨 이유인진 모르겠지만 아버지는 실직까지 한 상태였다. 두 달 만에 집에 온 내게 아버지는 전처럼 무겁게 가라앉은 얼굴로 앞으론 엄마랑 동생과 따로 살 게 되었다는 말씀을 하셨다. 굳이 이혼이란 말을 사용하지 않은 걸 보며 단어 선택에 많은 고민을 했다고 생각했다. 나중에 아버지께 들은 말로는, 어머니와 결혼하기 위해선 아버지의 전공인 음악을 그만뒀어야 한다고 했다. 외가에서 음악 하는 사람을 안 좋은 시선으로 본다는 게 그 이유라고. 아버지의 젊은 시절 사진을 보면 건반과 기타가 늘 함께했는데 내가 그 모습을 볼 수 없었던 건 마땅한 이유가 있었던 거였다. 음악 일을 그만둔 지도 오래된 데다 그동안 공사판을 전전하느라 마땅한 직업이 없던 아버지는 운 좋게도 후배분께 집 근처 당구장의 운영권을 임시로 넘겨받게 되었다. 다시 음악을 할 줄 알았던 내 예상과 다른 선택이었다.

나는 매일 훈련이 끝나면 집이 아닌 당구장으로 아버지를 찾아갔다. 예닐곱 대의 당구대가 일렬로 쭉 나열되어 있던 당구장. 그 한편에는 한 평 남짓의 작은 사무실이 있었고 아버지와 나는 그곳에서 라면 따위로 끼니를 때우거나 TV를 보곤 했다. 아버지가 업무로 가게를 비워야 하는 상황이 오면 내가 대신해서 당구장을 보기도 했고 간혹 손님이 없을 땐 아버지께 당구를 배우기도 했다. 그리고 얼마 뒤, 네 가족이 함께 지내던 반지하의 월세방을 빼고 당구장에 달린 작은 사무실에서 아예 살기로 했다. 다달이 빠져나가는 월세마저 감당하기 벅찰 정도로 집안 사정이 좋지 않았던 거였다.

굉장히 추운 겨울이었다. 테니스는 실외 스포츠였기에 겨울이면 얼굴과 손이 곧잘 터져 나갔다. 운동이 끝나면 따뜻한 물로 샤워를 하고 온돌 바닥에 엉덩이를 비비는 게 축복이었는데 집이 없는 우리는 그런 행복을 누릴 수 없었다. 물리적인 추위는 말할 것도 없지만 한순간에 두 동강 나버린 우리 가족을 생각하면 마음에까지 냉기가 차는 것 같았다. 나는 주로 사무실에서 TV를 보며 시간을 보내다가 당구장 화장실에서 짧은 고무호스로 대충 씻었다. 카운터를 본 아버지는 배고프지 않으냐며 당신이 낮에 손님들과 먹다가 남겨둔 탕수육 같은 것들을 내게 건네줬다. 영업이 끝나면 사무실에 있던 테이블과 의자를 한 곳으로 몰고 그 자리에 에어 침대를 깔았다. 그렇게 아버지와 같이 누웠다.

*

지하의 습한 냄새가 코를 찌르고 찬바람이 얼굴을 훑고 갈 때면 그제야 현실을 자각하게 된다. 엄마 아빠가 따로 살기로 한 게 사실이구나. 나는 이제 엄마랑 동생을 볼 수 없구나. 다시는 우리 가족이 한 식탁에 둘러앉아 밥을 먹을 수 없고 주말에 TV 앞에서 왁자지껄 떠드는 날도 없겠구나. 앞으로는 어려운 아버지랑 단둘이 살아가야 하는구나. 나는 반쪽짜리 사랑밖에 받지 못하겠구나. 생각이 깊어질 즈음 아버지가 말씀하셨다.

"아들, 사랑해."

그리고는 팔을 내 가슴께로 뻗어 안았다. 충격적이었다.

아버지는 사랑한다고 말할 줄 모르는 사람이었고, 따뜻하게 안아줄 줄도 모르는 사람이었다. 나는 그 순간 어색함으로도 질식할 수도 있겠다는 생각을 했다. 초등학교에 입학하기 전엔 아버지와 서로가 서로의 다리에 다리를 올려 잘도 껴안고 잤던 것 같은데, 수년간 안 하던 행동을 다시 하려니 어딘가 징그럽다는 생각까지 들었다. 내게는 부모님의 이혼보다 아버지 입에서 나온 사랑한다는 말과 포옹이 훨씬 충격적이었다. 머리맡에는 선풍기 모양의 온풍기가 힘없이 돌고 있었다. 계속 안겨 있다 보면 편해질 줄 알았지만, 여전히 어색한 잠자리였다. 수많은 밤이 지나갔고 에어 침대에는 아버지와 나의 뒤척임이 나날이 새겨졌다. 그러면서 조금씩 알 수 있었다. 잠깐 반짝이고 말 줄 알았던 아버지의 노력이 꺼지지 않고 더 뜨겁게 타고 있다는 것을. 사무실에 꽉 찬 어색한 공기에 서서히 편안함이 비집고 들어온다는 것을.

아버지는 어머니가 주던 사랑과 똑같은 형태의 사랑을 줄 순 없었지만, 결코 어머니가 주던 사랑에 뒤지지 않는 사랑을 주려고 하는 것 같았다. 어쩌면 그는 오래전부터 자신의 방식대로 꾸준히 나를 사랑해주고 있었을지도 모르겠다는 생각이 들었다. 추위와 허기. 곰팡이와 바퀴벌레. 퀴퀴한 냄새와 끈적거림. 그때를 돌이켜보면 떠오르는 기억은 안타깝게도 이것뿐이다. 제대로 먹지도 못하고 씻지도 못했으니 찢어지게 가난했던 거다. 누가 봐도 거지가 따로 없던 그 시절. 누군가 그때로 다시 돌아갈 수 있냐고 물어본다면, 아버지가 전해준 온기와 사랑한단 말이 떠올라 돌아갈 수 있다고 대답할 용기가 생긴다. 그의 노력 덕분에 모두가 나를 안쓰러워하던 그 시절에 나는 하나도 외롭지 않았다.

실감 능력

　　아버지께서 당구장을 열심히 운영하신 탓에 형편이 아주 조금은 나아진 건지, 아니면 어디서 도움을 받은 것인지 어느 날 우리는 당구장으로부터 멀지 않은 곳에 단칸방 월셋집을 구할 수 있었다. 옵션도 없는 비좁은 집이었지만 아버지와 작은 내가 살기엔 모자람이 없었다. 새 공간이 생긴 만큼 나의 일과도 추가되었다. 그중에서도 가장 번거롭고 하기 싫었던 일은 대야에 빨랫거리를 담아 발로 밟아가며 옷을 빠는 일이었다. 아직 세탁기가 없었던 탓이다. 그렇지만 집다운 집에서 살 수 있게 된 것만으로도 행복했다. 자려고 누울 때마다 내일이 소풍날인 것처럼 설레어 잠이 오지 않은 날도 많았다. 집 없이 살아본 사람이 아니고서는 이 감정을 정확히 알기란 쉽지 않을 거다.

원룸에 들어온지 육 개월쯤 됐을까. 어느 날 우리 당구장에 낯선 여성분이 오셨다. 아버지와 서로 존칭을 주고받는 걸 보니 친구 사이 같진 않았고 손님 같았다. 그녀는 자주 당구장에 왔는데 빈손으로 오는 날이 없었다. 항상 먹을 것들을 챙겨와 내내 굶었을 아버지와 운동하느라 지쳤을 나를 챙겨줬다. 두 사람의 사이는 꽤 좋아 보였다. 그리고 곧 여성분께서는 우리의 빨래도 도맡아 해주기 시작했다.

*

일요일 아침. 단잠에 빠진 나를 아버지께서는 서둘러 깨우시더니 어딘가로 데려갔다. 잘 때 입었던 옷을 갈아입지도 못하고 씻지도 않은 거지꼴로 털레털레 걷다 보니 육 층짜리 아파트가 있었다. 아버지는 계단을 몇 칸 오르더니 어느 집 앞에 멈춰 어딘가 어설프게 초인종을 눌렀다. 문을 열고 나온 사람은 당구장에서 자주 보던 여성분이었다. 들어가자마자 보였던 것은 거실에 차려진 밥상이었다. 준비한 건 없지만 많이 먹으라던 그녀 역시 잠에서 깬 지 얼마 되지 않은 것 같은 얼굴과 차림새였다. 밥상은 조촐했다. 밑반찬 몇 개와 찌개. 그녀의 말처럼 대단한 차림으로 보긴 어려웠지만 오랜만에 먹게 될 집밥 앞에서 메뉴라던가 차림새 같은 건 하나도 중요하지 않았다. 윤기나는 고슬고슬한 밥과 김이 폴폴 올라오는 찌개를 보니 어디에 있는 줄도 모르는 엄마와 동생이 그리워졌고 누군지도 모르는 여성분이 고마웠다. 색깔이 다른 감정들이 얽히

고설키더니 눈물이 마구 쏟아질 것 같았지만 나는 그것들을 꾹꾹 눌러 참으며 입에 밥을 쑤셔 넣었다. 감상에 젖어 다른 생각을 하기엔 배가 너무 고팠다.

그녀에겐 나보다 네 살 어린 아들이 있었다. 그녀 역시도 이혼 후 홀로 아들을 키우고 있던 것이었다. 아버지와 다른 점이라면 그녀에겐 집과 차가 있었고 번듯한 직장이 있다는 거였다. 어떻게 보나 아버지보다 나은 사람이었다. 작은 방에서 컴퓨터 자판을 두드리는 소리가 났다. 문틈으로 보니 신나게 게임을 하는 아이가 보였다. 노랗게 물든 파마머리를 하고 있었고 마른 체격에 장난기가 다분해 보이는 얼굴이었다. 네가 이 여성분의 아들이구나. 네가 나와 비슷한 처지에 놓인 아이구나.

밥을 먹으며 두 사람의 사이를 고민하지 않을 수 없었다. 아버지에겐 내가, 그녀에게도 아들이 달려 있었으니 사실 두 사람의 관계만은 아니기도 했다. 이들은 언제부터 알고 지냈을까. 어떻게 만났을까. 진지하게 만나고 있는 걸까. 우리가 다 같이 만나는 날이 얼마나 더 될까. 이 여성의 친절은 언제까지 이어질까. 이제 사라지고 없는 엄마의 역할을 대신하려고 하는 걸까. 곧 이 사람을 새엄마라고 부르게 되는 걸까. 나는 작은 방에서 게임을 하는 노란 파마머리 아이의 형이 되는 걸까. 머릿속이 하얗게 됐지만 고민하는 것을 티 내진 않았다. 두 사람이 이를 알아채고 혹 내 눈치를 보게 되면 되레 내가 불편할 것 같았기 때문이다. 나는 아무것도 모르고 아무 뜻도 없고 아무것도 상관없는 것처럼, 그저 닥친 상황에 순응하며 밥을 먹었다.

*

　　아버지와 여성분은 집을 합치게 되었다. 아버지는 자세한 상황을 설명해주지 않았고 나는 그가 난감할까 봐 궁금한 것을 묻지 않았다. 원룸에 몇 없는 아버지와 나의 짐을 아파트로 옮겼고 우리 네 사람은 자연스레 한 가족이 되었다. 예상은 했지만 예상하지 못했던 일이 현실이 되었다. 나는 그녀에게 '새'라는 단어를 붙이지 않고 엄마라고 불렀다. '새것'과 '엄마'라는 단어가 합쳐져서 그녀의 가슴에 한 번 새겨지면 나중에 지우기 어려울 것 같다는 생각이 들었기 때문이다. 노란 파마머리 아이도 우리 아버지더러 아빠라고 불렀다. 나는 그의 형이 되었고 그는 내 동생이 되었다. 그녀는 내가 등교하기 전에 밥을 챙겨주려 노력했고 저녁에는 대부분의 어린이가 좋아할 법한 치킨이나 피자 같은 야식을 시켜줬으며 주말에는 영화관을 데려가거나 쇼핑을 함께 했다. 운동부 동료들은 부모 모임에 나오는 나의 새로운 어머니를 보며 수군댔다. 그들과 우연히 이혼 가정의 사연이 재연으로 나오는 TV 프로그램을 볼 때면 속으로 내 상황을 떠올리는 것은 아닐지 괜히 신경도 쓰였다. 어떤 학부모는 내게 간식 같은 것을 챙겨주면서 은근슬쩍 부모님의 이혼사유를 떠보기도 했고, 한 짓궂은 선배는 이를 놀림거리로 삼기도 했다.

　많은 것들이 내가 인지하지 못 하고 있던 때부터 진행됐고 순식간에 치러졌다. 일 년 전에는 친엄마와 친동생과 살았고 반년 전에는 당구장에서 아버지와 단둘이 살았으며 지금은 새로이 가족이 된 사람들과 살고 있다. 가족 관계라는 것이 한순간에 몇 번씩 바뀐 것이다. 당시의 내 나이 열셋. 자려고 누웠을 때 보이는 천장이 이따금씩 낯설거나 조금 쓸쓸했던 것만 빼면 나는 아이러니하게도 큰 충격이나 상처랄 것을 받지 않았다.

그 후로 많은 사건을 겪으며 나는 꾸준하게 자라났다. 끝없이 이어질 줄 알았던 미성년자의 신분에서 벗어나 대학에 입학했고 친구들과 어울려 밤새 술을 먹기도 했다. 군에 입대해 만기 복무를 하고 운전면허를 취득해 차를 몰고 다니기도 했다. 모두 나와 멀리 있는, 나는 겪어보지 못할 것 같은 아득한 일이라 여겼으나 남들과 다를 거 없이 다 겪게 된 것이다. 남들과 조금 다른 점이라 한다면 이것들을 겪는 중엔 전혀 실감하지 못하다가 시간이 한참 지난 뒤에야 실감한다는 거. 나는 이토록 실감 능력이 떨어지는 사람이었기에 한순간에 뒤바뀌는 가족 관계 속에서도 상처를 받거나 심적 방황을 하지 않았던 것 같기도 하다.

나의 아버지와 나의 어머니가 된 그녀는 하루가 멀다 하고 서로를 지지고 볶지만 그럼에도 잘살고 있다. 친엄마도 새로운 짝을 만나 아이를 낳고 잘살고 있다. 나에게 잘 사는 것이란 그냥저냥 어떻게든 살아간다는 거다. 간혹, 세 사람을 보면 어쩜 그렇게 각자 가진 슬픈 과거를 죄다 잊은 것처럼 멀쩡하게 잘사는 것인지 의문이 들 때도 있다. 그러다가 모두가 특별하지 않은 사랑과 흔한 이별과 진부한 새 사랑을 하는, 평범한 일을 겪은 것이라는 생각으로 귀결된다.

그냥, 막연히 이 세 사람에게 공통으로 궁금한 게 있다면, 십수 년을 함께 살아온 사람과의 이별과 새로운 사랑은 어떤 느낌일지. 딱 그 정도만 물어보고 싶다.

부모님을 모시고

 중학생 때를 마지막으로 가족 여행이란 것을 가질 못했으니 우리 가족은 10년 만에 여행을 가는 거였다. 지난 10년이란 세월을 넘어 현재까지도 우리는 좀처럼 제대로 된 여가란 걸 갖지 못하고 있다. 어느 때고 찾아드는 바쁜 스케줄과 가정불화, 넉넉지 못한 재정과 건강의 적신호 같은 것들이 우리를 한데 뭉치지 못하게 발목을 잡곤 했던 거였다.

 공항에 들어서자 부모님의 눈동자는 부산해졌고 말수는 늘어났다. 평소 모든 자극에 뜨뜻미지근한 두 사람이 이러는 것은 낯선 공간에 대한 은은한 불안과 수줍음 때문일 것이다. 어머니가 상기된 얼굴로 했던 말을 되풀이하면 아버지는 그 말을 잘도 받아쳐 준다. 이렇게 합이 잘 맞던

둘이었나? 해외로 나가는 것도 아니고 고작 제주돈데...
좀처럼 잦아들지 않는 난리에, 그러게 여행 좀 다니지 그
랬냐고 말을 하려다 그들의 얼굴과 손에 꽉 들어찬 주름들
이 눈에 띄어 말을 삼켰다. 그들이 자처한 고된 삶이 누구
를 위한 것인지 모를 리 없기에.

 두 사람은 계속해서 정신이 없었다. 제 짐도 못 챙기고
지나가던 사람들과도 몇 차례 부딪혔다. 덕분에 나는 짐이
세 배가 됐고 이 사람 저 사람에게 사과하기 바빴다. 민폐
되는 행동을 질색하는 나는, 정신 차리고 앞 좀 잘 보고
다니자며 잔소리를 하려다가 다시 한번 입을 닫아야 했다.
처음 부모님과 놀이동산을 갔을 때 내게 필요했던 건 든든
한 보호자였지 사랑의 매를 들고 호통을 치는 선생님이 아
니었단 것이 떠올랐기 때문이다. 하려던 말을 두 번 참으
니 탑승 수속을 밟을 시간이 됐다. A가 열이야? 14가 열
이야? 하고 묻는 어머니에게는 14가 열이고 A가 좌석이
라고 알려주고, 창가에 앉고 싶다는 아버지에겐 내 자리를
양보했다. 어딘가 철없어 보이고 순수해 보이는 부모님을
보니 하고 싶은 것도 많고 궁금한 것도 많은 네댓 살의 연
년생 남매를 보는 것 같았다. 올여름에는 여행 한 번 가야
지 않느냐는 말로 시작된 여정은, 아내 없이 홀로 아이 둘
을 맡게 된 초보 아빠를 자처한 거나 다름없었다.

 탑승 후 평소라면 책을 읽었을 테지만 오늘만큼은 산소
호흡기와 구명조끼의 사용법, 비상시 대피 요령을 안내하

는 승무원을 읽었다. 사고가 나면 차가운 수면 위로 건져 올릴 사람이 나 말고도 둘이나 더 있으니 말이다.(동생은 혼자서도 잘하겠지) 보호자가 된다는 건 말처럼 쉬운 일이 아니구나. 이런 내 마음을 아는지 쓱 하고 부모님을 봤더니 한 사람은 이어폰을 낀 채 게임을 하고 있었고, 다른 한 사람은 잘 준비를 마쳤는지 편안하게 눈을 감았다. 엄니, 아부지. 가방 들어주고 길 찾아주는 거야 어려운 것도 아니지만 사고 났을 때도 그리 태평하게 있으시려고? 나는 또 한 번 잔소리하려다가 이게 어른들이 말하는 노파심이라는 거구나 싶어 다시 말을 삼켰다.

고작 몇 번의 말을 삼킨 게 전부인데 벌써 지치기 시작했다. 보호자가 된다는 건 평소에 경계치 않던 것을 경계하고 걱정치 않던 것을 걱정하는 것이라는 걸 알았다. 문득 부모님이 나의 보호자였던 때에 얼마나 많은 걱정을 안고 살았으며 얼마나 많은 말을 삼키곤 했을지 가늠하다가, 그게 또 무서워 생각을 그치기로 했다.

**부모님을 모시고

　　성향이 다른 두 사람을 데리고 하는 여행은 누구나 예상할 수 있듯 어려운 일이었다. 나와 맞지 않는 단 한 명의 사람과 다니는 것도 어려운 일인데 오랜 세월을 많이도 다른 채로 살아온 두 사람을 조율해야 하는 여행이라니. 이 두 사람은 자주 어린아이처럼 삐치고 다툰다는 것을 알기에, 혹시라도 의견 마찰로 분위기가 나빠질 것을 대비해 나는 매 순간 최단 시간에 두 사람 모두 만족할 만한 대안을 내놓아야 했다. 어느 때보다도 순발력 있는 임기응변을 해야 할 것. 내가 숙소에 짐을 풀자마자 되뇐 것이었다.

　　낚시만을 위해 제주를 찾은 아버지와 낚시만 아니면 뭘 해도 상관없는 어머니. 누구의 입맛을 맞추는 게 좋을지 잠시 고민을 하다가 아버지께 여쭈었다. 낚시 말고 하고 싶은 거 있어요? 아버지는 손에 잡히기 직전의 '온전히 낚시만 하는 시간'을 혹 뺏기기라도 할까 봐 헐레벌떡 손사래를 치며 말씀하셨다. 아빠는 밥도 안 먹어도 된다. 정 배고프면 편의점에서 도시락 사다 먹으면 된다. 제주까지 와서 편의점 도시락이라니요. 어처구니가 없었지만 이로써 나는 어머니만 보필하면 된다는 해답을 얻었다. 한결 가벼워진 마음으로 양손에 묵직한 낚시 가방을 들어 포구로 옮겨드렸다. 그리고 다시 가벼워진 손으로는 어머니의 팔짱을 꼈다.

제주 서쪽에서 어머니 취향에 맞는 게 뭐가 있을까. 액셀을 천천히 밟으며 고민을 해봤지만 마땅한 장소가 떠오르지 않았다. 이럴 줄 알았으면 작년에 두 달 동안 협재에서 살 때 숙소 밖으로도 좀 나가볼 걸 그랬다며 뒤늦은 후회를 하던 찰나, 나는 어머니를 모시고 갈 장소를 모르는 게 아니라 어머니의 취향을 알려고 하지 않았다는 것을 알게 됐다. 그도 그럴 게 여행을 떠나기 전 인터넷에 검색해본 거라곤 보편적으로 어르신들이 좋아하는 곳을 찾아봤던 것이었지, 어머니가 좋아하는 게 뭔지 고민해본 건 아니었으니까. 효도 여행이라는 취지와는 모순되게도 내가 불효자였다는 것만 들통 난 셈이다.

많은 사람이 한림공원을 추천해서 그리로 갔다. 어머니는 요리조리 고개를 돌려가며 감탄사를 뱉었지만 내가 기대하던 '어르신의 리액션'과는 거리가 멀었다. 높게 자란 야자수 수십 그루와 난생처음 보는 꽃만 보더라도 그 아름다움에 눈이 멀어 시 비슷한 걸 읊으실 줄 알았는데 여러 종의 동물들과 두 개의 동굴을 지나는 동안까지도 어머니는 그저 우와 하는 소리만 낼 뿐이었다. 어떤 어른은 나무뿌리만 보더라도 탄탄한 근육 같다는 식의 표현을 하던데, 악마같이 무섭던 고등학교 때 코치님도 자연 절경을 볼 때면 갖고 싶어 하던 장난감을 선물 받은 아이처럼 눈망울이 맑아지던데. 어딘가 인위적인 반응만 내비치는 어머니를 보며 그녀는 나와 감성의 결이 맞지 않는 것인지, 그래서 이 공간에 별 흥미가 없는 것인지 하는 생각이 들어 내심 서운했다. 하지만 이내 이 생각들이 부디 들어맞길 바랐다.

부모님은 한평생 휴식이라는 걸 모르고 살았다. 하루 벌어 하루 먹기도 힘든 삶을 나이 육십 먹도록 살아오곤 했다. 척박한 밥벌이와 모으고 모아도 줄지 않는 빚 때문에 남들은 다 하는 한적한 곳에서의 여유로운 산책이 어쩌면 본인들의 인생엔 없을 거라는 생각을 했을 수도 있다. 그러니 차라리 나와 감성의 결이 맞지 않는 것이 나은 것이다. 자신은 절대 누려보지 못할 여유에 적응을 못 해 적절한 반응을 못 하는 거라면 가슴이 미어터질지도 몰랐다.

어머니는 나보다 몇 걸음 앞에서 숲을 거닌다. 그녀의 작고 가녀린 몸통을 보며 치열하고 고달팠을 육십 년의 세월을 어떻게 견뎌내며 살았을지 의문이 든다. 그 작은 몸으로 치렀을 그녀의 삶의 투쟁을 상상해본다. 어머니는 지금 무슨 생각을 하고 있을까.

***부모님을 모시고

여행은 하필 장마 기간과 맞물렸다. 내내 변덕 적인 날씨에 아버지는 숙소와 포구를 자주 왔다 갔다 하셔야 했고 나와 동생은 낚시도구 챙기는 것을 도와드렸다. 어머니는 홀로 찌를 던지며 심심해할 아버지가 떠오를 때마다 종종 포구로 나가 말동무를 해드렸다. 비 때문에 포구로의 투입과 철수가 잦았던 것만 빼면 여행은 적당히 순탄하게 흘러갔다.

아버지가 낚시하는 동안 남은 세 사람은 바다가 바로 보이는 카페에서 커피를 마시며 한적한 시간을 보냈다. 카페에서 나온 동생은 홀로 해변 산책을 나갔고 어머니는 방으로 들어가 낮잠을 청했다. 드디어 누구도 보필하지 않아도 되는 혼자만의 시간이 생겼다. 거실에 누워 TV를 보다가 생각에 잠겼다. 일을 하지 않으면 생계유지가 안 되는 우리 가족이 며칠 동안 '돈벌이'와 떨어져 지내고 있다니. 촉박하고 다급하기만 했던 우리 가족이 여유를 가진 첫 순간이었다.

카페에서 어머니와 서로의 남은 삶에 관해 이야기를 한 적이 있다. 내가 먼저 자식들에게 바라는 점이 없냐고 운을 뗐다. 어머니는 옛날에 태어난 사람이지만 생각하는 것만큼은 흔한 옛날 사람 같지 않은, 보기 드문 어른이다. 많은 사람이 안정적인 직장과 결혼이 인생의 가장 큰 지표라고 말할 때 어머니만큼은 하고 싶은 일을 하도록 지지해주고 결혼은 의무가 아니라고 달쏨하신 분이다.

"그래도 엄마. 엄마는 손주 보고 싶지 않아? 아부지는 나 군 전역 하자마자 결혼은 언제 할 거냐고 물어보시던데…"

"애는 뭐 낳고 싶다고 다 낳는다니? 엄마는 그냥 아들들이 사랑하는 사람 만나서 연애하다가 결혼하고 싶을 때, 그때 했으면 좋겠어."

"그럼 아들들한테 바라는 건 없어요? 우리도 이제 다 커서 각자 밥벌이도 하고 서서히 나이도 차고 있잖아. 내년 여름엔 해외로 여행 갈까?"

"건강하기만 하면 돼. 너희가 스스로 밥벌이하는 것만으로도 효도하는 거야. 엄마는 있잖아. 죽기 전까지 너희에게 폐 안 끼치는 게 목표야. 나이 먹고 자식들에게 짐 되긴 싫어. 결혼해서 엄마 아빠 모시고 살 생각도 하지 말고. 엄마도 이제 노년을 준비해야지. 노년을 준비한다는 건 병원에 갈 준비를 하는 거야. 아픈 날이 많아진 만큼 병원에 자주 갈 테고, 거동이 불편하면 병원에 가기 어려울 테니 병원과 가까운 곳에서 살아야지."

충격적이었다. 노년이라 하면 현직에서의 은퇴 후에 삶을 어떻게 꾸려나갈 것인지를 생각하는 게 보통의 관념이라 하면 어머니는 그와는 다른 차원의 생각을 하고 있던 거였다. 연금을 받으며 여행을 다닌다거나 공기 좋은 시골로 귀농을 한다거나 노년 프로그램을 듣고 새 인생을 시작할 거라는 보통 노년기의 어른들과는 달리, 쇠약한 육체를 의지할 방법을 먼저 찾아보는 게 어머니의 노년 준비라는 사실이 머리를 세게 후려쳤다. 포구에서 울렁이는 파도를 보고 있을 아버지도 같은 생각일까. 만약 두 분이 같은 마음이라면 아버지와 어머니의 인생은 육체의 능력, 그러니까 일할 수 있는 때와 그러지 못하는 때로 나뉘게 되는 거다. 살아 있는 동안 악착같이 먹고 살 궁리만 하고 자신이 노쇠한 게 느껴질 때면 죽어가는 몸을 의지할 곳을 찾는 게 전부인 셈인 거다. 남들처럼 한가한 시간에 취미생활을 한다거나 카페에서 수다를 떤다거나 백화점에서 쇼핑하고 해외여행을 다니는 것은 이 두 사람의 머릿속엔 언제부턴가 자리하지 않고 있던 것이었다. 아니, 애초부터 없었을 수도 있다. 가난은 다채로울 수 있는 삶을 단출하게 단축시키는 거니까. 가슴이 아팠다. 처음으로 오롯이 혼자만의 힘으로 이끌었던 가족 여행이거늘 기쁨과 뿌듯함보단 슬픔과 쓸쓸함으로 점철되는 것 같다. 숙소 밖으로 내다본 제주의 바다. 그 위로 장대비가 속절없이 흐른다.

제 물건을 버리는 아버지와
외롭다는 어머니

　　아버지는 제 물건을 잘 못 버리신다. 우리 가족은 말할 것도 없고 집에 놀러 오는 손님들조차도 입을 떡 벌릴 정도다. 오죽했으면 이삿짐센터에서조차도 만물상이 따로 없다고 할 정도니 더 말할 게 없다. 못 버리기만 하는 거라면 그나마 괜찮은데 어디서 뭘 자꾸 얻어오고 주워오기까지 하신다. 가족들은 아버지를 향해 안 쓰는 물건은 제발 좀 버리라며 잔소리를 하지만 고집은 수십 년째 꺾이지 않았다. 정말 고집불통이 따로 없는 실정인데, 그런 아버지가 며칠 전 이사를 하는 과정에서 아끼던 악기들과 자그마치 백 벌 정도의 옷을 버렸다. 끝끝내 고집을 꺾고 가족들의 바람대로 안 쓰는 물건을 정리하니 공간은 한결 넉넉해졌는데 아이러니하게도 상실감에 빠지는 건 내 쪽이었다.

다이아몬드의 어원은 그리스어의 아다마스(adamas)에서 유래된다. 이는 '정복할 수 없다'라는 뜻을 품고 있다. 광물의 특징으로 따져보나 어원으로 따져보나 아버지의 고집은 가히 다이아몬드와도 같았다. 지구상에서 가장 단단한 것이자, 그 위에 군림할 수 없는 것이었다. 그런데 무슨 이유에서인지 아버지는 자신의 정체성을 지켜줄 수 있는 악기들을 처분함과 동시에 본인을 가장 잘 드러낼 수 있는 옷가지를 떠나보냈다. 부서지지 않고 무너지지 않을 것 같던 고집이 끝내 허물어진 것이다.

*

벌써 2년이 넘었지만, 부모님은 내가 퇴사한 걸 모르신다. 요즘처럼 취업이 어려운 세상에 대뜸 책을 내겠다는 이유로 잘 다니던 직장을 때려치웠다고 하면 걱정이 이만저만이 아닐 것이기에 비밀리에 퇴사했다. 그 때문에 본가인 인천에 갈 때도 전 직장의 휴일에 맞춰 간간이 들릴 수밖에 없다. 집에 가면 간단히 식사를 하고 근황을 주고받는데 요즘 들어 어머니는 떨어져 사는 자식들과 함께 살고 싶다는 말을 많이 하신다. 외로우니 인천에 직장을 구하고 함께 사는 게 어떻겠느냐면서.

어머니는 삶에서 흩뿌려지는 수많은 부정의 파편들로부터 나를 지켜주던 견고한 방패였다. 자식들에게 부담과 짐을 안겨주지 않겠노라며 그동안 힘든 내색 없이 괜찮다는 말만 입에 달고 살던 강건한 그녀가 부탁하는 어조로 말을 하는 것이다. 외롭다는 말엔 애절함이 가득 담겨 있었다.

그러면서도 어머니는 내가 부담을 가질까 봐 슬쩍 눈치를 본다. 나는 급격히 변해버린 어머니의 태도가 당황스러워 좋은 직장 잘 다니고 있는데 대뜸 본가로 들어오라고 하면 어떡하느냐고 대충 얼버무리고 급히 대화 주제를 바꿨다.

*

    몇 해 전부터 나는 주름이 부쩍 늘어난 부모님의 얼굴을 봐왔다. 그들의 손을 잡았을 땐 지문이 맞닿는 느낌보단 얇은 비닐을 만지는 것 같았고 임플란트 해야 할 치아를 금전적으로 감당하기 어려워 아예 틀니를 착용하게 됐다. 잔병치레가 잦아졌고 앉았다 일어설 때마다 내는 앓는 소리가 더욱 커진 것을 느꼈다. 사람은 태어난 순간부터 죽어가는 거라는 말이 떠올랐다. 부모님의 몸은 자연의 질서에 복종하고 시간과 세월을 따라 늙어가며 죽어가고 있다. 하지만 그들의 육체가 낡고 삭는 것보다 무서운 것은 살면서 켜켜이 쌓아온 습관과 신념으로 만들어진 삶의 매뉴얼이 무너져가고 있다는 것이다. 물건을 못 버린다는 고집과 자식에게 기대지 않겠다는 신념의 붕괴는 영혼의 일부가 궤멸한 것이라 느껴진 것이다.

 아버지는 아버지 대로 어머니는 어머니대로 단단하고 강한 사람이다. 그동안 부모님이 약하다는 생각을 일절 하지 않은 데엔 어느 때에도 무너지지 않던 그들의 강직한 정신력 때문이었다. 그 본질의 기반이 흔들린다는 사실은 그들이 늙는 것을 넘어 점점 죽음과 가까워지는 것이라고 느끼게 한다.

아버지는 이제 소중히 여기던 물건을 버린다. 어머니는 괜찮다는 말을 조금씩 줄이고 있다. 늙는다는 건 뭘까. 여전히 모를 일이다. 추측과 의미만 생겨나고 있다.

알찬 변명

　　무기력이라는 원천에서 나온 행동요령일까. 이젠 누군가의 행복을 책임지겠다고 말하기 싫어졌다. 가족과 연인처럼 온 마음을 다해 사랑해도 모자랄 사람들에게조차도 최선을 다할 수 없을 것 같단 생각 때문이다. 책임지지 못할 말을 뱉고 이행하지 못했을 때 붙여질 비겁함이라는 딱지가 버거워 그저 생각에만 그치기로 했다. 아마도 목표에 도달하지 못했을 때의 면목 없을 나를 보호하기 위한 방어기제이리라. 이 방어기제 또한, 누구에게도 기대로 인한 실망을 주지 않겠다는 노력의 일환이라는 변명으로 또 한 번 나를 방어하겠지만.

장미밭 한가운데에서

　　이별 뒤엔 고통이 따른다. 아직 잊지 못한 애인이 머릿속을 휘젓고 다니고 함께한 추억거리가 피어오르는 것도 통증이고, 곁에 있던 사람이 한순간에 부재하면서 느끼는 공허함과 무료함도 하나의 아픔이 된다. 다른 사랑으로 대체하려 분주하게 뛰어다녀 봐도, 일이나 취미에 전념하며 이별이란 사실과 멀어져 보려 해도 환기는 아주 일시적일 뿐, 후유증은 떨쳐낼 수 없다. 이별한 사람이라면 누구라도 예외 없이 꼭 겪어야 하는 이 관문은 때로, 사랑할 때 쟁취한 행복의 값어치를 이젠 치러야 한다는 계시처럼 느껴지기도 한다. 잊어보려고 별짓을 다 했지만 결국 잊히지 않는 걸 보면 아직 내가 할당된 양의 고통을 채우지 못한 것은 아닐까 하는 생각이 들어 버리니 말이다. 아름다웠던 지난날을 더듬을수록 날카로운 무언가에 찔릴 때면 이별의 후유증이란 울창한 장미밭에 드러눕는 것과 같은가 보다. 어찌해도 아플 것이라면 고통을 담담하게 받아들이는 연습을 해보기로 한다. 후유증에서 벗어나고자 쏟아붓는 노력이 쉬이 휘발되는 것을 알았으니 이제는 경건한 자세로 고통을 맞이해보기로 한다. 고통을 이겨냈다는 것조차 망각하고 있던 과거의 수많은 사건들 또한 나도 모르던 사이에 잊혀진 적 역시 있었으니까.

지난 가을엔 고작 조금 시원해진 날씨로 자정 너머까지 이어지던 지독한 폭염을 잊어버렸다. 엊저녁, 한파로 얼어버린 한강은 아직 꽃이 피기도 전이거늘 어느새 녹아 일몰 즈음엔 해를 머금고 일렁였다. 그리고 오늘 점심엔 거동이 불편할 만큼 폭식을 했지만 해 질 녘인 지금, 도로 허기를 느낀다.

우울하면 잠을 자요

통유리가 활짝 열리는 합정동의 2층 맥줏집에서 친구와 이야기를 나누며 창 너머 사람들을 바라봤습니다. 친구에게 그랬어요. 세상에 커플이 이렇게나 많은 줄 몰랐다고요. 다정하게 붙잡은 손으로부터 뻗어져 나온 두 사람을 보면 연리지가 걸어 다니는 것 같고, 어떤 이들은 이인삼각 경기 베테랑 선수처럼 부둥켜안고도 잘 걸어 다니더랍니다. 그 모습들이 어찌나 달콤하던지 벌집 꿀을 크게 한 입 베어 문 것 같았어요. 연인들을 보며 애틋한 감정을 느끼니 우리의 이별을 진정으로 실감하게 됩니다. 헤어진 걸 외면한 채로 살다가 막상 수많은 커플을 눈앞에 두게 되니 우리도 연인이었던 때를 떠올리게 되는 거죠. 식사는 설거지가 끝날 때까지 끝난 게 아니라고 누가 그랬던가요. 사랑도 누리던 것들이 모조리 정리되기 전까진 여전히 진행

중이겠구나 했어요.

  최근 이별로부터 찾아온 공허함에서 벗어나고자 찾아 들어간 낯선 무리에서 더없이 큰 외로움과 마주하곤 했습니다. 그들로부터 순수한 관심과 지극한 사랑을 받을 수 없었던 탓이었죠. 애초에 나조차도 인스턴트 관계라는 인식으로 찾은 무리이기에 그 이상의 감정을 바라면 안됐던 건데, 저는 참 간사하게도 그들에게 묵직한 감정을 받길 바랐나 봅니다. 그만 우울해하고 긍정적인 것도 좀 생각하며 살아 이 녀석아, 라고 말하는 친구 덕에 고민 좀 했습니다. 크진 않더라도 사랑. 꾸준하진 않더라도 관심. 종종 잃어버릴지라도 흥미. 내가 기쁠 수 있는 것들을 꼽아봤는데 고작 세 개라고 해야 할까요. 세 개나 된다며 기뻐해야 할까요. 모쪼록 친구 앞에선 후자의 반응을 택해야 더 이상의 잔소리는 피할 수 있겠지요.

  저는 고민이 많을 때면 다른 이의 고민을 듣곤 해요. 끊임없이 생겨나고 사라지는 이야기를 듣다 보면 잠시나마 제 고민으로부터 멀어질 수 있기 때문이에요. 그런데 오늘은 잠을 자고 싶습니다. 아무리 남의 이야기를 들으며 환기를 하려 해도 이별이란 사실을 좀처럼 떨쳐내기 어려울 것 같기 때문이죠. 반나절 이상 현실로부터 떨어져나와 잠 속에서 당신을 잊어버리는 연습을 하는 거예요. 손쓸 수 없을 정도로 우울할 땐 방법이 없습니다. 그냥 잠을 자요.

나라도 기억해야 한다

    좁은 집에 너저분함을 한몫을 더 하는 이삿짐을 정리하다가 실수로 편지가 담긴 종이봉투를 떨어뜨렸다. 아직도 할 일이 산더미처럼 쌓였는데 유리 파편 번지듯 방바닥에 널브러진 편지들. 짜증 섞인 미간으로 그것들을 주워 담다가 그대로 서서 한 장씩 펼쳐 읽어보았다. 열 글자도 되지 않는 내용으로 웃음 짓게 하는 쪽지와 머리말에 글과 함께 들으면 좋은 음악까지 적어 놓는 카드, 어느새 기억 저편에 숨어있던 어떤 이의 편지까지. 먼지가 해무처럼 짙게 퍼진 봉투 안에는 그때 그 시절, 그 감정이 조금도 훼손되지 않은 채로 잘 담겨 있었다.

  어떤 편지에는 격양되는 감정과 눈물을 머금은 글씨체가 적나라하게 놓여 있었다. 돌아선 그의 마음을 되돌리고

자 썼다가 끝내 부치지 못한 편지였다. 나는 이 연약한 편지를 위해 아무것도 할 수 없는 생각에 아무도 없는 집에서 숨죽여 울어버렸다. 후회와 반성, 동정과 연민, 무자비와 여전한 사랑. 그 폭풍에 휘말려 들어 산처럼 쌓인 짐들을 잊은 채 눈이 얼얼해지도록 울었다.

 못 볼 것을 본 걸까. 보면 안 될 것을 봐버린 걸까. 아직도 나를 아프게 하는 걸 보니 여전히 사랑인가. 다시는 꺼내 보지 못하도록 쓰레기통을 찾았다. 그냥 버리는 것도 못 미더워 라이터를 꺼내 들었다. 나만 힘들어지게 하는 물건이니까. 끝내 손에 들린 편지를 쓰레기통에 처박지도, 태우지도 못했다. 이 편지마저도 없다면 우리를 기억할 수 있는 건 이 세상에 아무것도 없을 거라는 사실이 두려웠다. 내가 기억하지 않으면 우리가 함께 보낸 시간이 애초에 존재하지 않았던 것처럼 되는 게 무서웠다. 좀처럼 추위가 가실 줄 모르는 겨울. 움츠러든 몸에 애써 힘을 넣어가며 이삿짐을 정리한다.

우예된 편지

　　술집에서 혼자 술 먹는 게 어려운 일은 아니지만 가게 입장에선 장사에 도움이 안 될 수도 있겠다는 생각에 최대한 많은 안주와 술을 시킨다. 몇 년 전, 전라도 여행 중에 2인 이상만 출입이 가능하다는 식당에서 퇴짜를 맞은 뒤에 생긴 습관이다. 오늘도 친구들과 먹을 때와 다를 거 없이 홀로 소주 세 병을 마셨다. 한 병 반까지만 마시고 싶었지만 이만큼은 해치워야 다음에 또 방문할 때 민폐 손님 딱지는 붙지 않을 테니 말이다.

　기계처럼 술잔을 채우고 비운다. 딱히 할 게 없으니 책을 읽는다. 그러다가 스스로 취했다고 느껴질 때면 꼭 펜을 들어 노트에 무언가를 끄적인다. 삶의 한 귀퉁이에 글을 쓰는, 혹은 쓰고 싶은 사람이라는 자리를 만든 나다.

그런 내가 맥락과 근본 없이 퀄리티 낮은 글을 보여주는 것보다 끔찍하다고 여기는 건 다름 아닌 흉한 글씨체다. 짐승보다도 못 쓴 내 글씨를 볼 때면 떠오르는 누군가가 있다. 꼬부랑한 내 필기체를 유독 아껴주고 예뻐해 주던 사람. 인생의 반 이상을 테니스 라켓만 잡고 살던 내가 잘 써봐야 얼마나 잘 쓰겠냐만 마구 쏟아지는 칭찬에 때론 내가 정말로 글씨는 잘 쓰는 줄 착각하기도 했다. 아아, 칭찬이 이렇게 무서운 거구나.

 그는 편지 받는 걸 좋아한다고 했다. 나는 써주겠노라 했지만 육 년이나 되는 세월 동안 고작 열 번도 주지 못했다. 이왕 줄 거면 예쁜 글씨체로 꾸며진 질 좋은 내용의 편지를 주고 싶었는데 준비가 덜 됐다는 게 나의 이유였다. 이제 와 생각해보면 글씨체든 내용이든 그게 뭐가 중요했나 싶다. 그가 바랐던 건 예쁜 글씨체도 질 좋은 내용도 아니었을 테니까. 왜, 여자가 꽃 선물을 받을 땐 남자가 꽃집에 들어가는 순간부터 시작해서 뭘 고를지 고민하고 쑥스럽게 약속 장소까지 들고 오는 모습까지 선물이라고 하지 않는가. 뭐가 됐든 괜찮으니 자신을 위해 편지지를 꺼내 드는 내 모습을 그는 바랐는지도 모르겠다. 편지지를 펼쳤다가 도로 접었던 수많은 날에 망설임을 뒤로했더라면 그 위에는 어떤 모양의 진심이 담겼을까. 노트에 빼곡하게 적힌 악필을 보며 영원히 유예된 편지를 애처롭게 떠올려본다.

보라색 안개꽃

　　몇 해 전, 밤늦게 일을 마치고 확인한 당신의 메시지에 얼른 채비를 해서 그곳으로 가기로 했다. 가던 길에 문득 안개꽃을 좋아한다고 했던 말이 떠올라 꽃집을 먼저 들렸다. 꽃을 잘 모르던 내게 안개꽃이란 그저 잎이 작고 하얀 꽃이었다. 꽃집은 마감 준비로 분주했고 나는 낯선 공간에서 마시는 공기란 참으로 아찔한 것이라고 생각했다. 이곳에서 생길 일을 전혀 예측할 수 없기 때문이다. 신기한 듯 여기저기 두리번거리는 내 모습에서 꽃집에 처음 오는 티가 좀 났는지 사장님께서는 웃으시며 꽃을 사러 왔냐고 물어보셨다.

"여자친구가 안개꽃을 좋아해서요."

아주머니께서는 안개꽃을 보여주시면서 말씀하신다. 그

런데 내가 알고 있던 안개꽃과 달리 꽃잎이 보라색이었다.

"이 보라색 안개꽃은 삼 년 동안 시들지 않아요."

세상에, 삼 년 동안이나 시들지 않는 꽃이 있다니. 게다가 당신과 영원히 함께하고 싶다는 뜻을 지녔다고 한다. 꽃에는 각기 다른 꽃말이 있다는 걸 잊고 있었다. 그 숨은 의미를 알 때면 그리스 로마 신화에서 가엾고 기특한 누군가가 하늘의 별자리가 되었다는 이야기를 들을 때처럼 신비로운 무언가에 빨려 들어가게 되는 기분이다. 시간이 지나고 플로리스트 친구로부터 프리져브드 라는 방법으로 염색을 하면 그만큼 시들지 않을 수도 있다는 사실을 알게 됐는데, 어쨌든 삼 년 동안 시들지 않는 이 꽃을 당신에게 건네면 왠지 우리의 사랑도 상식 밖의 생명력을 가질 수 있을 것만 같았다. 서둘러 결제를 하고 약속장소로 뛰다시피 걸어갔다. 웬 꽃이냐며 수줍어하며 기뻐할 당신을 상상하며 아주머니께 들은 보라색 안개꽃에 대한 설명을 멋들어지게 해줘야겠다고 생각했다. 내가 손에 쥐고 있는 건 무려 삼 년 동안 시들지 않는 꽃이니까. 오늘 무슨 날이냐고 물어보면 그동안 좋아하는 것들을 섬세하게 챙겨주지 못해서 미안하다고 사과를 할 생각이었다.

*

꽃을 본 듯 만 듯한 당신은 당장 꽃을 옆 테이블로 치웠다. 삼 년 동안 시들지 않는다는 보라색 안개꽃을 주는 날이 공교롭게도 우리 관계가 시들어버리는 날이었다.

나는 신나게 들고 온, 지금은 옆 테이블에 초라하게 눕혀진 꽃을 보며 내가 당신에게 하루빨리 꽃을 선물했다면 우리 상황이 달라졌을까 하고 생각했다. 당신이 이별을 말하는 데엔 다른 이유가 있겠지만 모든 이유를 꽃에 덮어씌우고 싶었다. 꽃집 아주머니의 말씀을 들은 후로부터 우리 운명을 결정짓는 건 분명히 이 꽃일 거라고 굳게 믿었기 때문이다. 이제 와서 꽃의 효과를 바라기엔 너무 늦어버린 걸까. 그날 당신의 모습이 한겨울의 칼바람보다도 차가워서, 처음 꽃을 선물한다는 사실에 한없이 들떠 기뻐하던 내 모습이 가여워서 얼마나 울었는지 모른다.

오늘은 당신에게 꽃을 준 지 삼 년이 되는 날이다. 사장님께 전해들었던 꽃말을 떠올려보면 허무하고 쓸쓸할 법도 하지만 나는 그저 보라색 안개꽃이 오늘까지 잘 살았는지, 관리 부실로 일찍 망가져버린 것은 아닌지, 어딘가에 버려져 상처를 받은 것은 아닌지 따위가 궁금하다. 왜일까. 여전히 당신은 아주 조금 밉기만 할 뿐, 싫지 않아서일까.

이별 후에

　　　보기 싫은 것을 안 볼 수 있으면서도 계속 찾아보게 되는 것. 지독하게도 자꾸 뒤적거리는 것. 머릿속이 복잡해질 걸 알면서도 멈추지 못하고 같은 짓을 반복하는 것. 호기심도, 사랑도, 후회라는 이름도 붙여주지 않을 거면서 또 그런다, 또.

만칠천 원

　　자정이 넘어서 친구 녀석을 보러 목동에서 낙성대로 가는 택시에 올랐다. 연세가 지긋하신 백발의 기사님은 인자한 얼굴로 나를 맞이해주신다. 빠르게 지나가는 풍경을 초점 없는 눈으로 주시하다가 답답한 마음을 기사님께 털어놓았다.

　"기사님, 조금 뜬금없는데요. 이기죽인 제 마음 때문에 애인과 헤어졌어요. 놓치면 안 될 사람 같았는데 앞으로 어떡하면 좋을까요."

　여전히 인자한 미소를 머금은 택시 기사님께서는 백미러로 나를 힐끔거리며 말씀하신다.

　"내가 한 번 더 생각하고 양보하고 물러서면 걱정할 일이 없어요. 양보 못 할 게 뭐 있어요. 내가 그 사람 입장이 되어보면 이해가 빠를 거 아니에요. 내가 손해 본다 생각하고 만나는 거예요. 내가 잘났다? 네가 양보해라? 절대 쉬운 일이 아니잖아요."

상대방의 입장이 되어보고 양보하라는 아주 흔한 말. 어디서나 쉽게 들을 수 있는 그 말이 오늘따라 유독 가슴을 후빈다.

"그러게요. 그렇게 하면 되는 건데. 저도 알고 있었는데 왜 그랬을까요."

나는 무의식중에 나를 아껴주고 믿어주는 상대방을 기만하고 되레 내가 잘난 놈이라고 착각했는지도 모르겠다. 모든 걸 내게 맞추도록, 내가 정답인 양 행동했는지도 모른다. 그 모든 게 사랑했기에 가능했던 상대방의 태도를 나는 오만하게도 그저 내가 사랑받을 만한 놈이라고 생각했는지도 모르겠다. 이미 마침표가 찍혀버린 관계. 바다를 하나 만들어 낼 만큼 울고 구멍이 뚫릴 만큼 땅을 때려봐야 어디에 쓸모가 있을까. 다리 사이로 보이는 택시 시트가 눈물로 많이 젖었다. 콧물을 훌쩍이면 우는 걸 들킬까 봐 까칠한 손등이 미끌거릴 때까지 비벼 얼굴을 닦았다.

정신없이 지나가는 네온사인 풍경들이 서서히 느려지더니 택시가 멈춰 섰다. 미터기에 찍힌 만칠천 원이 택시비인지 상담 값인지 혼란스러웠다. 종착지가 잘못된 것 같다며 다시 잡으려 해도 잡을 수 없는 택시가 사랑했던 그녀와 오버랩 되어 보였다. 그저 바라만 봤다.

이타적인 사랑

    그녀에게 첫눈에 반했다. 어떻게든 연을 맺어보고자 쩔쩔매던 끝에 우린 가까스로 연인이 됐다. 그녀는 연애하기 전이나 후로도 여전히 수동적인 태도로 일관했는데 이에 나는 관계를 다지기 위한 최소한의 책임은 가져야 하는 게 아니냐고 쏘아붙인 적이 있다. 그런 우리의 태도가 뒤바뀌는 때가 있었는데 다름 아닌 다툴 때였다. 나는 다툼이 생기면 회피하려 했고 그녀는 정성껏 풀어보려 했다. 관계에 대한 책임. 누군가에겐 관계를 형성하는 순간의 노력이 책임이었고, 누군가에겐 관계가 깨지지 않도록 들이는 노력이 책임이었다. 다툼이 생길 때마다 도망가는 나를 보며 그녀는 지난날 나의 꾸지람이 꽤 우스웠을 것이다.

그녀는 내가 필요로 하지 않는 것들을 자주 주곤 했다. 그에 나는, 내게 어쩜 이리도 무관심할 수 있냐고 토로를 했고 그녀는 어떻게 자기 마음을 이토록 몰라줄 수 있냐며 맞불이 붙었다. 우리는 새벽이 늦도록 맞지 않는 퍼즐을 맞추려 애를 썼다. 언제쯤 내가 받고 싶은 사랑을 받을 수 있을지 가늠해 보며 찜찜한 마음으로 잠에 드는 밤들이 늘어났다. 그녀가 노력하고 있다고 한들 나는 여전히 내가 바라는 형태의 관심과 사랑을 받지 못하고 있기 때문이다. 그러기를 몇 개월. 나는 삐죽 나온 입을 집어넣어야만 했다. 어쩌면 내가 그녀에게 건넨 사랑 또한 그녀가 바라던 모양이 아닐지도 모를 가능성과 그녀는 나와 달리 불만족을 함구하고 있을 수도 있다는 걸 뒤늦게 알았기 때문이다.

　친구들과 이야기 중에 현실이 드라마나 영화가 될 수 없는 이유는 편집이 없어서라고 자주 말한다. 현실은 드라마나 영화처럼 상대방의 뒷모습을 조명하지 않는다. 설레하고 수줍어하고 배려하고 아끼고 눈물짓고 애통해하고 속상해하고 인내하는 모습을 아는 사람은 오로지 자신밖에 없다. 현실에서 연애는 이런 것들을 모조리 다 드러내고 이해시킬 수 없다. 멜로를 다루는 대부분의 미디어는 오해와 엇갈림의 순간에서 카메라 앵글이 돌아간다. 돌아간 앵글에선 그들이 오해하고 엇갈렸던 상황들이 파노라마처럼 스쳐 지나가고 두 주인공은 깨달음을 갖고 서로의 마음을 이해하게 되며 쌓였던 오해들은 막힌 변기가 뚫리듯 시원하게 풀려버린다. 두 주인공이 선의에서 우러나온 배려가 쓸데없는 배려가 아니라고 느낄 수 있는 것도, 눈치껏 한 행동이 되레 센스 없는 모습이 되지 않는 것도, 목에 핏대를 세우지 않고 마음을 알 수 있는 것도 모두 카메라 앵글이 돌아가면서 만들어진 편집 덕분이다. 우연이니 기적이니 하는 것들은 말 그대로 우연과 기적이기에 물리적인 의존은 힘들다. 내가 애를 쓰는 만큼 그 또한 내가 모르는 곳에서 애를 쓰고 있을 테지만 이상하게도 현실에서는 오해와 불신, 상처와 미움이 더욱 쉽게 쌓인다. 오해는 하고 싶은 사람이 하고, 불신은 바라는 게 많아지면서 생기며, 결핍은 욕심을 부른다. 오해와 불신, 결핍의 천적은 다름 아닌 믿음이다. 그중에서도 무조건적인 믿음만이 이 길을 헤쳐나갈 나침판이 되어주겠지만 무조건적인 믿음에도 분명 한계가 있으리라 생각한다. 한계가 있는 믿음은 사실 진짜 믿음이 아니었던 거라며 누군가는 반박 할 수 있겠다. 그러나 대가도 없고 회신도 없는 외로운 사랑에 조건을 따지지 않고 헌신을 할 수 있는 사람이 이 세상에 얼마나 존재할까.

받은 것 없이 주기란 여간 쉽지 않다 때문에 나는 사랑을 논하기를 꺼린다. 받은 게 없으면 줄 수도 없는 나를 경멸한다. 받고도 모자라다고 하는 나를 증오한다. 좀처럼 이타적일 수 없는 나를 혐오한다. 이처럼 사랑은 내가 나를 싫어할 이유를 무궁무진하게 만들지만 아이러니하게도 하지 않고는 살 수 없게 하니 사랑 앞에서는 늘 골치가 아픈 거다.

권태

　　풍경이든 인물이든 가리는 거 없이 사진을 찍는 것을 좋아합니다. 18살 때부터 사진기를 들고 여기저기 쏘다니기 시작했으니 오래된 취미이지요. 그러나 사진을 향한 관심은 어느 순간 퉁퉁 불은면처럼 끊어졌습니다. 한때는 별 사진을 찍어야 한다며 새벽 네 시에 제주의 오름을 오르고 곧바로 핸들을 성산으로 돌려 일출을 찍은 다음에 바로 숙소에서 짐을 챙겨 나와 다음 출사지로 이동하는 강행군을 펼치고도 피곤한 걸 모르던 때도 있었는데, 몇 년이 넘도록 전원을 켜지 않은 사진기를 볼 때면 제가 정말로 사랑했던 취미가 맞는 걸까 하는 의구심을 갖게 되기도 해요. 집구석에 처박혀 고이 잠든 사진기를 보니 마음이 저릿하네요. 이는 취미에만 국한되는 감정은 아닐 거란 생각 때문이에요.

'사랑이 변했다면 당신은 애초에 사랑한 적이 없는 겁니다.'라며 일침을 가하던 사람이 있었습니다. 그동안 제가 느꼈던 권태와 실증은 결코 그것들을 사랑해본 적이 없는 사람이기에 느끼는 거라는 반증이지요. 그의 말을 듣고는 앞으로 누가 될지 모르고 뭐가 될지 모르겠지만, 사진 찍는 행위에 느꼈던 것처럼 그들에게도 모두 권태를 느낄 수 있겠다는 가정을 세우지 않을 수가 없었습니다. 사랑할 만한 것들을 보면 멈칫하게 되는 습관이 생긴 것이지요.

　저는 사랑을 하면 안 되겠지요. 변했으니까요. 살아가다 보면 사랑할 수 있는 것들이 쉴 새 없이 들이닥치겠지만 저는 절대로 사랑한다고 하면 안 되는 거겠죠. 변치 않는 마음이라고 단언할 자신이 없으니까요. 불신이 기반 된 사랑은 언제 터질지 모르는 폭탄을 안고 동반 자살을 꾸리는 것과 같은 거니까요. 사랑이 없는 삶이라니 바늘로 눈을 푹푹 찌르는 것 같습니다.

빈 수레

 확신과 의심 사이에서 갈팡질팡하는 '썸'이라는 게 꼭 이성끼리 이루어지는 게 아닐 수도 있겠다는 생각이 들었다. 마음을 줄지 말지에 대한 계산과 갈등은 사랑에만 국한된 것이 아닌 거니까. 대인관계가 두텁다고 생각되는 친구가 말했다. 나는 주변에 사람이 많지만 정작 힘들 때 부르면 달려와 줄 것 같은 사람은 없어. 그거 알지? 애인이 있는데도 외롭다고 느끼는 게, 애인이 없을 때 느끼는 외로움보다 더 크게 다가오는 거. 어쩌면 나뿐만 아니라 모두가 관계에 대해 갈증을 느끼고 있는 걸지도 모르겠다는 생각이 들었다. 친구뿐만 아니라, 딱 봐도 인기가 많아서 일상이 사랑으로 가득 차 있을 것 같은 사람들도 보이는 것과 달리 관계에 대한 고민을 끝없이 하며 사는 거니까. 인간관계가 꽤 다복해 보이던 친구를 보며 나도 모르게 상대적 박탈감을 느끼고 있었지만, 그의 한탄이 한편으론 위로가 됐다. 그러나 그것도 잠시. 나만 공허한 게 아니라는 사실로 위로받는 나는 얼마나 비겁하고 옹졸한 사람인 걸까 싶어 자괴감에 빠졌다.

나는 자문했다. 나를, 부르면 당장 나와 줄 친구라고 여기는 사람은 누구일지. 나는 누구에게 그만한 믿음을 줬는지. 내가 있기에 자신은 성공한 인생이라고 말할 수 있는 사람은 누구일지. 나는 누구를 위해 상황을 막론하고 달려 나갈 수 있는지. 나는 왜 내가 상대방보다 마음을 조금 더 주는 것에 인색한 건지. 언제까지 마음을 줄지 말지 저울질하며 살 것인지.

돌멩이

 잘하던 일을 그만두고 제주로 넘어가 칩거 생활 비슷한 걸 했다. 어지간해서는 집에서 백 보 이상 나가지 않았다. 그저 집 앞 편의점이나 술집에나 들락거리는 게 전부였다. 그러다가 아주 가끔 수평선 뒤로 해가 넘어가고 집집마다 불이 꺼질 즘이 돼서야 집으로부터 나와 해변을 걷곤 했다. 산책하다가 조개를 똑 닮은 예쁜 돌멩이를 봤다. 나도 모르게 손을 뻗어 주웠다. 요리조리 살펴보니까 멀리서 봤던 것보다 더 예뻐서 서울에 가져가고 싶단 생각이 들었다. 어차피 가져가도 방구석에 박아두고 말 테지만 아름다운 것을 보면 취하고 싶은 욕구가 일곤 한다. 어떻게 가져갈까. 가방에 넣었다가 공항 검색대에서 걸리진 않을까. 돌멩이라 할지라도 절도에 속하는 건 아닐까. 돌멩이를 쥐고 걸으며 여러 생각을 했다. 그러다가 쓸모도 없는 한낱 돌멩이도 예쁘다며 소중해하고 아까워하면서 그동안 내가 사랑한다고 자부하는 사람들은 왜 이 돌멩이한테 드는 마음만큼 아껴주지 못했나 싶었다. 나는 그동안 사람들에게 처음에만 정성을 들이고 조심스럽게 여기다가 내 바운더리 안에 들어왔다는 안심을 느끼면 마음을 접고 구석 어딘가에 무심하게 방치한 것은 아닌지 의심했다. 서울로 가져가면 관심도 없어질 며칠 뒤의 돌멩이처럼.

친근함을 빌미로 남에게 무례했던 순간들이 떠올랐다. 친하니까 괜찮다며 보이지 않는 상처를 남긴 일화가 생각나서 얼굴이 화끈거렸다. 잘해야지, 잘해야지 하면서도 낯선 사람에겐 한없이 관대하고 내 사람에겐 짜증과 불만을 털어놓는 모순적인 내가 기괴하게 느껴지기 시작했다. 이런 내게서 분리수거가 하나도 안 된 소각장의 고약한 냄새가 나는 것 같았다. 탈출구는 어딜까. 찌푸려진 눈을 뜨고 싶어서, 참았던 숨을 몰아쉬고 싶어서 나는 산책 중에 나에게서 벗어날 곳을 찾아 헤매야 했다.

꿈에서야 당신의 표정을 읽을 수 있었다

2장

꿈에서야 당신의 표정을
읽을 수 있었다

아주 가끔은 그냥 좀 안아줄 사람이 필요하다

 사실 눈 딱 감고 이불 덮으면 사라질 밤일 게 뻔하지만, 눈을 감는 게 두렵다. 이토록 신물 나게 외로운 밤을 혼자 이겨낼 자신이 없어서 어떤 품에든 꼬옥 안겨 있고 싶다. 새근거리는 내 숨소리가 누군가의 품으로부터 튕겨져 나와 도로 내 귀에 콕콕 박힐 때까지 가까이 안겨 있고 싶다. 그의 온기가 내게 스미고 나 또한 온기를 건네줄 수 있는, 사랑도 섹스도 말고 그냥 좀 따뜻하게 안아줄 사람이, 아주 가끔은 절실하다.

하늘을 지우다

　　당신 손을 붙잡고 엉엉 울며 빌었다. 더 잘하겠다고. 잘 하겠다는 말에 얼마나 속아준 줄도 모르고 또 똑같은 말로 회유하려 했다. 이렇게 싹싹 빌면 괜찮다고 말할 줄 알았다. 지금껏 그래왔듯, 삐죽 나온 입을 숨기진 못하지만 사과를 받아줄 줄 알았다. 그러나 그날만큼은 달랐다. 잘 한다는 말, 이제 더는 그 말을 믿을 수 없었나보다. 그녀로부터 회신 받은 차가운 눈빛과 말투는 가루가 되어 흩날릴 만큼 싹싹 비비던 내 손을 무안하게 했다. 보살이라 불리던 당신의 눈에는 더 이상 온기가 남아 있지 않았고 애처롭게 풀이 죽은 나를 보듬어주지 않았다.

　이렇게 오랜 세월을 만났는데 어떻게 우리가 헤어질 수 있겠어. 볼 꼴 못 볼 꼴 다 보면서 포용할 수 없을 것 같던 상대의 모습까지 끌어안았잖아. 용납할 수 없을 것 같던 미운 모습까지도 사랑했는데 우리 사이에 어떻게 이별이란 단어가 비집고 들어오겠어. 마지막으로 한 번만, 나만 잘하면 되는 거니까 이번이 정말 마지막이라는 생각으로 잘할게. 나는 모든 이유를 붙여서라도 붙잡고 싶었다. 그러나 당신이 표독한 단어를 뱉고 무심한 표정을 짓게 한 데엔, 다시 말하자면 순수하고 상냥하고 연약하고 바보 같이 착하던 당신이 이만큼 쌀쌀맞게 변한 데엔 모두 내 탓일 거란 생각에 더는 붙잡을 수 없었다. 모든 상처와 트라우마의 출처는 나일 것이기에. 내가 당신 옆에 더 머물렀다간 마음에 지워지지 않는 낙서를 휘갈긴 것으로도 모자라 마음을 찢으려 드는 것과 같은 것일 테니까. 나는 어느새 그 품에 포근히 안길 수 있는 기회를 모두 소진하고 만 것이었다.

지금 이 순간부터 내 입에 당신의 이름을 올리는 것조차 죄였다. 효용 가치를 잃어버렸지만 일말의 희망으로 잘하겠다는 말만 울부짖는 게 전부였다. 목소리는 금세 갈라졌다. 뒤를 돌아보지 않고 떠나가는 당신을 보니 내 울부짖음은 발꿈치에도 닿지 못했나보다. 일자로 길게 뻗친 길을 미련 없이 걸어가던 당신의 뒷모습이 아직도 선명하다. 나는 이제 내가 미워하던 당신의 모난 모습마저 사랑하게 됐는데 당신은 곧 예뻐하던 내 모습마저 미워하겠지.

차갑게 얼어붙은 시멘트 바닥에 주저앉은 나는 누군가의

발에 짓밟혀 이젠 뒹굴 수조차 없게 바스라진 낙엽과 비슷한 처지가 된 것 같았다.

노력

　　가히 양가적임의 대표 격이라고 해도 무방한 상처란, 상대방에게 주었다는 사실만으로도 다시 내 상처가 되기 십상이다. 그럼에도 끝까지 상대방에게로 향하는 상처를 막아내겠다는 모습이야말로 사랑이 아닐까. 내 마음에서 피가 철철 흐르고 어쩌면 봉합도 안 될 만큼 큰 흉이 졌을 때, 그때마저도 상대방에겐 일말의 상처를 주지 않으려는 투철한 노력이야말로 참된 사랑의 자세가 아닐까.

　나에게 있어 진정한 사랑이란, 우주만큼의 행복을 줄 순 없어도 쌀알만큼의 불행을 주지 않으려는 노력이라 생각한다.

어느 통증

 지하철 맨 끝자리에 앉아 여느 때와 다름없이 오늘을 메모한다. 어디쯤 왔는지 자주 고개를 쳐들지 않아도 될 만큼 먼 거리를 가야 하니 노트를 채워가는 데에 불편함은 없다.

 얼마 전 친한 친구는 손에서 바늘로 찌르는 듯한 통증을 느꼈는데 병원에선 증상의 원인을 스마트폰 중독으로 꼽았다. 주로 휴대폰 메모장에 글을 쓰던 친구는 의사로부터 될 수 있는 한 기기 사용을 자제하라는 권유를 받았고 별수 없으니 그렇게 하기로 했단다. 친구 못지않게 휴대폰 액정을 두들긴건 나 또한 매한가지인데, 내게는 느껴지지 않는 통증에 다행이란 안심보단 내키지 않는 불만과 부러움이 생겨났다. 아픈 것이 어떻게 좋을 수 있겠냐만 지금처럼 메모장만 열면 당신을 적어 내려가던 세월이 얼마던가. 사랑과 원망, 애틋함과 그리움에 빗대어 당신의 형체를 바꾸고 또 바꾸며 술에 빠지고 눈물에 젖던 날이 무려 수년 수개월이다. 오늘을 메모하겠다면서 여전히 또 당신과 함께였던 어느 날을 써내려가고 있지 않은가.

어떤 기억은 메모한 것보다 선명하고 어떤 기억은 메모보다도 흐릿하다. 머리와 손은 각자 다른 방식으로 당신을 그리워하고 있다는 말이다. 긴 시간을 한 사람만 그리워하는 일이 가능하다는 것을 나는 나로부터 배웠다.

제발 이런 미련한 짓 좀 그만하고 싶다고 느껴질 때면 내게도 손을 찢는 통증이 느껴졌으면 좋겠다고 생각한다. 이만큼 했으니 그만해도 괜찮다는 신호로 받아들이면 될 테니까. 오늘을 메모하겠다면서 여전히 지나간 날들이 떠오를 때, 통증을 핑계 삼아 당신을 메모하지 않을 수 있게 될 테니까. 그럴 수만 있다면 차라리 손이 아픈 게 더 낫겠다.

라이터

　　가스가 다 닳아 더는 불을 켤 수 없다는 걸 알면서도 신경질적으로 라이터를 켜는 게, 당신이 더는 날 사랑하지 않는다는 걸 알면서도 모른 척 애정을 갈구하던 내 모습과 닮은 것 같았다. 라이터를 구개하는 게 어려웠다면 조금 위안이 됐을까. 당신 마음 같은 건 어디에서 구할 수 있는지 어디에도 나와 있지 않다.

부활

 필사라는 단어를 알게 된 건 얼마 되지 않았다. 그녀의 취중 취미가 필사라는 걸 알게 되어서야 필사라는 단어와 뜻을 알게 되었다.

 그녀와 이별을 한 뒤로부터 얼마간의 시간이 지난 지금. 친구가 필사 모임을 주최할 테니 나와서 함께 필사해보지 않겠냐는 제안을 한다. 한동안 잊고 지냈던 저릿한 단어를 들으니 마음속 어딘가에 잘 묻어두었던 그녀가 한여름 갠지스강의 시체처럼 마음 위로 떠 올랐다. 내가 모임에 나간다면 그녀를 생각하지 않고 필사에 몰입할 수 있을까. 어쩌면 내내 그녀를 생각하다가 시간을 헛되이 보내버리는 건 아닐까. 혹여나 굳어버린 내 얼굴을 보고 함께하는 사람들이 내 걱정을 하거나 눈치를 보는 건 아닐까 하는 생각이 꼬리의 꼬리를 물었다. 고작 작은 모임에 나가는 것뿐인데 머릿속이 지저분해졌다. 하나의 단어를 알려줬다는 건 이토록 사람을 무력하게 만든다. 이러나저러나 필사라는 단어를 듣자마자 머릿속에 가득 차버린 그녀를 억지로 떨쳐내긴 불가능할 것 같았다. 궁지에 몰린 쥐처럼 어디로도 도망갈 수 없게 된 나는 도리어 오랜만에 그녀를 되뇌어보잔 생각에 모임에 참석하기로 했다. 이별의 후유증으로부터 하루빨리 벗어나고 싶었지만, 마음 한구석에는 그녀에게로의 회귀를 바라고 있었는지도 모를 일이었다.

"읽기만 하는 것보다 쓰는 게 더 와 닿아서요." "글 쓰는 게 서툴러서요." "같은 감성과 취향을 가진 사람들 속에 있는 게 좋아서요." "필사를 하고는 싶지만 좀처럼 혼자서 하는 게 어렵다보니 군중심리에 몸을 맡겨보는 것도 좋을 것 같아서요."

한 카페에 모인 여덟 명의 사람들은 서로의 생김새만큼이나 참여한 이유도 제각각이었다. 간단하게 자기소개를 마친 뒤에 각자가 필사할 책과 노트를 꺼내기로 했다. 어딘가 설렘과 기대로 가득찬 것 같은 그들과 달리 나는 느릿느릿, 이제니의 시집을 꺼냈다. 그 순간, 예상했던 대로 필사를 알려준 그녀의 실루엣이 카페의 한 가운데에서 스멀스멀 피어오르는 것이 느꼈다. 이제니는 그녀가 가장 사랑하는 작가였다.

한 페이지를 읽었더니 저 멀리 그녀가 의식을 잃은 채로 갠지스강 위로 떠 오른 게 보이는 것 같았다. 한 페이지를 옮겨 적으니 내가 강물을 가르며 그녀에게 저벅저벅 걸어가고 있는 것 같았다. 다섯 페이지, 열 페이지를 읽고 베껴 쓰다 보니 나는 어느새 그녀에게 다다라 육신을 더듬거리고 있었다. 퉁퉁 불은 그녀의 육신을 보니 눈물이 왈칵 쏟아질 것 같았다. 그녀를 수장시킨 당사자가 바로 나라는 것도 모르고 어쩌다 이 몰골이 되었느냐며, 누가 당신을 이 지경으로 만들었느냐며 허공에 울부짖었다. 급하게 페이지를 넘기며 얼른 그녀를 뭍으로 건져냈다. 계속해서 페이지를 베껴 노트로 옮겨 적었다. 퍼렇게 불어버린 그녀의 입에 내 입을 맞대어 인공호흡을 하기 시작했다. 다시 한 장을 넘기고, 또 한 장을 베껴 쓰며 정신 좀 차려보라며 흉부를 압박했다. 다시 한 장, 또 한 장. 멈췄던 그녀의 심장이 서서히 뛰기 시작하는 게 느껴졌다. 감겼던 눈이 스르륵 떠진다. 죽었던 그녀가 살아났다. 내가 대신해서 죽을 수 있을 만큼 사랑하는 그녀가 살아났다.

모임이 끝나면 나는 다시 그녀의 심장에 총구를 겨눠 방아쇠를 당겨야 한다. 우린 헤어졌으니까. 하루빨리 당신을 잊어야만 마음을 앓는 날이 줄어들 테니까. 그럼에도 나는 기어코 그녀를 살려내고 말았다. 바들바들 떨며 내 눈을 응시하는 그녀를 마주 본다. 그녀는 무슨 말을 하려는 것처럼 입을 달싹이지만 알아들을 수 없었다. 가슴이 미어진다. 시집 군데군데에 잉크가 번져 있었다.

정해진 시간이 됐다. 모두가 책을 덮고 모임이 어땠는지 두런두런 이야기를 나눈다. 한 명씩 소감을 말하고 웃고 떠들 무렵 나는 홀로 생각에 잠긴다. 이별 뒤에도 시도 때도 없이 마음을 어지럽히던 그녀를 잊기 위해 얼마나 많은 시간과 노력을 투자했던가. 밤낮으로 머릿속을 어지럽히던 그녀의 숨통을 끊고자 얼마나 노력했던가. 그럼에도 두 시간 동안 용을 써가며 도로 살려놓았다. 이대로 두면 또 몇 달은 고생할 게 뻔했다. 그녀에게 총구를 겨눈다. 당겨지지 않는 방아쇠. 한참을 겨누고 있다가 그녀가 수장되어 있던 강으로 총을 던져버렸다. 아프지만 조금 더 사랑하고 싶었다. 언제까지 얼마나 더 아파야 할지 가늠이 되지 않지만, 얼마간은 그녀를 조금 더 사랑하고 싶었다. 하나둘 자리에서 일어난다. 그들을 따라 나도 짐을 챙긴다. 덮은 이제니의 시집에서는 그녀가 즐겨 쓰던 독특한 향수의 내음이 났다.

항해

　　마음은 키를 잡고 조종하기 시작했고 몸은 그에 따라 움직일 뿐. 나는 제동도 닻도 내릴 수 없는 그저 나약한 선체에 불과했다. 달려드는 해일보다 무서운 게 속절없는 사랑이었다.

그 마음,
나도 알 것 같아

　친구 녀석이 연애 이야기로 한탄을 하길래 그러니까 너를 외롭게 하고 사랑해주지 않는 사람을 왜 만나냐고 물어봤더니, '그러게 시팔 나도 그걸 모르겠어'란다. 그래서 더 할 말이 없었다.

　맞지 않는 퍼즐이란 걸 뻔히 알면서도 계속해서 자신을 지우고 개조해 가면서까지 그 사람 옆에 있고 싶은 마음. 손에 넣고 싶은 마음이 아닌 나를 헌신해서라도 관계를 유지하고 싶은 마음. 결코 올바른 방법도 아니고 건강한 만남이라 하기도 어렵지만 그럼에도 불구하고 그러고 싶은, 그렇게 될 수밖에 없는 마음을 나도 가져봤기에. 자신의 살점과 뼛조각을 내어주면서도 관계를 그만둘 수 없는 녀석을 보니 상대를 얼마나 사랑하고 있는지 어렴풋이 알 수 있을 것 같아서 아무 말도 할 수 없었다.

그저 당신이 웃으면 됐지요

　　애인과는 남들이 하는 것들을 다 해보고 싶은 마음이다. 그뿐만 아니라 모두가 하지 않는 것까지도 다 하고 싶다. 태생이 그런 건 아니다. 나는 참 게으르고 나태한 걸 타고난 데다 익숙한 것에 취해있는 걸 좋아하는 사람인데, 사랑이라는 감정이 늘 간직해오던 내 모습으로부터 탈피해 새로운 사람이 될 수 있도록 촉진 역할을 한 것 같다. 나도 모르게 내가 바뀌는 일. 아니, 사실은 변하는 걸 알면서도 기어코 내가 갖고 있던 색 위에 새로운 색을 덧입히는 일은 어색하고도 어려운 과정을 거쳐야 한다. 새 신발이 내 발에 길들여질 때까지 신고 다녀야 하는 것처럼 조금은 뻑뻑하고 약간의 통증을 감안할 수 있어야 한다. 그럴 때 애인이 나의 변화를 알아주고 기뻐하는 모습을 보면 뿌듯함에 불편함 같은 것을 모두 잊게 된다. 어릴 적 고장 난 장난감을 고쳐준 아버지에게 엄지를 치켜세웠을 때의 아버지 마음이 이러했을까. 지금 내게 살아가는 이유를 서술하라 하면 그녀가 좋아하는 모습으로 계속해서 변해가고 싶은 것밖에 없다고 하고 싶다. 사랑하는 이로부터 받는 칭찬, 그로 인해 느낄 수 있는 뿌듯함은 삶의 이유를 찾는 데에 결정적인 단서가 되기도 하는 것 같다.

나는 이제 새로운 환경과 음식, 볼거리와 놀이를 찾아 애인과 함께 즐기려 하는 사람으로 변모했다. 그리고 전부터 즐겨오던 것들에게서 멀어지지 않으려고도 애를 쓴다. 이를테면 너무 자주 가서 질릴 법한 식당이나 술집을 주기적으로 찾는다거나 영화 관람이나 카페 데이트 같은 것. 욕심이지만 구식과 신식을 모두 누리고 싶은 거다.

오늘은 애인이 출근하기 전에 모처럼 조조 영화를 봤다. 그녀의 출근 시간이 넉넉한 점심시간 때라 가능한 일이다. 더구나 내가 평일, 주말 할 거 없이 일주일 내내 일을 하기까지 닷새밖에 남지 않은 상황이라 남은 에너지를 다 털어서라도 애인과 함께 할 수 있는 것들을 모조리 해야 했다. 첫 출근 전 체력비축이랍시고 집구석에 처박혀서 뺀질댔다간 서운함으로 치장한 애인의 얼굴을 마주할 자신이 없기 때문이다. 아무리 간이 큰 사람이라 해도 애인의 상심을 예상한 이상 자기 뜻을 강행할 순 없을 테니.

조조 영화로부터 시작된 하루는 길다. 시간을 쓰고 썼지만, 아직 많이도 남았다. 출근한 그녀가 퇴근하기까지 카페에서 홀로 기다리며 그동안 무얼 하면 좋을까 고민하다가 또 한 번 칭찬을 받고 싶은 마음에 짤막한 편지를 쓰기로 한다. 종이 위엔 뻔하고 진부한 이야기가 담기겠지만 뻔하고 진부한 게 다른 말로는 클래식한 것이라고 누가 그랬다. 이 편지가 그녀를 기쁘게 하리란 것을 믿어 의심치 않는다. 그러니 그냥 하고 보는 거다. 그저 당신이 한 번 웃으면 그걸로 된 거니까. 출근 전 조조 영화는 어색한 것, 편지는 익숙한 것이었지만 비빔밥을 비비듯 이것들이 자연스레 버무려지는 듯하다.

이름

　환아, 석환아 하고 부른 목소리에 난데없이 눈시울이 뜨거워집니다. 그가 발음한 제 이름엔 보기 드문 온기가 담겨 있었기 때문이지요. 생각해보면 유독 이름에 온정을 담아 불러주는 사람이 있다는 것을 알게 됩니다. 누구나 갖고 있는 이름. 흔하고도 진부한 삼 음절을 다른 사람들과 다르게 말하는 사람들을요. 그들의 목소리엔 타거나 녹을 정도의 뜨거움이 아니라 한겨울 패딩 점퍼 주머니 속의 핫팩 정도의 따뜻함이 있습니다. 그런 은근한 정이 음성이 되어 제 귓가로 슬며시 흘러들어오면, 저는 각막의 표면 위로 차버린 물들이 흘러넘치진 않을까 조마조마하게 됩니다. 작고 소소한 것일지라도 의미를 부여하는 순간 그것은 값어치를 갖게 됩니다. 제 이름에 온기를 담아준 사람들 덕분에 저는 이 세상에서 나만 가질 수 있는 고유의 가치를 갖게 되는 것이지요. 벅차오름의 이유엔 따스함 때문만이 아니에요. 그들이 제 이름을 불러준 게 아니었다면, 저는 제가 저라는 사실을 또 어느 정도 잊고 지냈을지도 모를 테니까요.

한 살 한 살 먹어가면서 이름 대신 불리는 호칭들이 늘어납니다. 제겐 여전히 선생님과 선배님들이 있지만, 이젠 저를 선배라 부르고 선생님이라 부르는 사람들도 늘어나니까요. 결혼하고 자녀가 생기면 아빠라 불릴 테고 다른 이로부터 누구의 아빠라고도 불릴 겁니다. 사무적인 직함으로도 불리고 그보다 더 재미없는 호칭으로도 불릴 거예요.

사랑하는 사람에게는 한사코 그의 이름을 불러주겠노라 다짐합니다. 사랑한다는 말과 자웅을 겨룰 정도로 많이 불러줄 것이라고요. 당신이 당신으로 온전히 존재하여 본인의 가치를 잃어버리지 않도록 끊임없이 온기를 담아 이름을 불러주겠노라고요. 이게 당신을 사랑하는 방법이라고 말할 겁니다.

사랑한다면

　한 사람을 놓고 사진을 찍는다는 행위란 전에 없던 새로운 눈을 갖게 되는 것 같아요. 무심코 지나쳤던 그의 얼굴을 뷰파인더로 들여다볼 때면 평소에 보던 것들과는 조금 다른 것들도 보이거든요. 눈이 예쁜 건 알고 있었는데 눈매가 이렇게 짙었나? 구레나룻 옆에 숨어 있는 점이 눈에 띄게 되고, 한 올 한 올 가지런히 자란 눈썹을 발견하게 돼요. 잘 웃는 습관으로 만들어진 눈가의 주름과 팔자주름이 이토록 자연스러운 아름다움이었구나 하는 걸 알게 되고, 기분이 나쁜 것도 아니면서 인상을 자주 찡그린다는 것과 흔하게 짓는 표정인 줄만 알았던 표정은 알고 보니 특정 상황에서만 짓는 표정이란 것을 알 수 있게 돼요. 때론 그가 몰랐던 그의 얼굴을 내가 먼저 찾게 되는 거죠.

사랑하는 사람이 생기면 사진을 많이 찍어주세요. 나에게만 짓는 표정을, 나만 발견할 수 있는 얼굴을, 내가 아니면 아무도 모를 감정과 나만 알았으면 하는 습관을, 단숨에 흩어질 우리의 찰나를 형체로 만드는 거. 또 하나의 새로운 눈을 가져보는 거. 꿈만 같은 일이잖아요. 오직 나만 할 수 있고 내가 해야만 하고 누구에게도 떠넘기고 싶지 않은 일이에요.

책장

친절한 글을 좋아하다 보니 아직 여백이 많은 시를 즐기지 못하고 있다. 그러나 시를 사랑한다. 언젠가 나무 이름을 외워야만 숲을 사랑하는 게 아니라는 말을 들었기 때문이다. 애가 타도록 시를 사랑한다. 시인과 시는 존재하는 것만으로도 멋있는 거니까.

나의 시 사랑은 소망이기도 하고 동경이기도 하다. 절대자를 보는 경외이기도 하고 대조됨의 자괴이기도 하다. 한 권을 제대로 읽어보지도 못했으면서 평소에는 입에 잘 담지도 못하는 사랑이라는 말을 시에는 거침없이 남용한다.

책장에 켜켜이 쌓인 시집을 보면 시인의 감성이 내 책장에 물든 것을 느낀다. 공경하는 당신들에게 좁지만 따뜻한 공간을 내어줄 수 있다는 것에 얼마나 큰 뿌듯함을 느끼는지 모른다.

책장 속 당신들을 보기 좋게 정리하다가 그만두기로 한다. 이들은 규칙 없이 아무렇게나 엉켜있을 때 가장 아름답다는 걸 알고 있으니까. 환기도 잘 안 되는 퀴퀴한 집이지만 시인 가득한 책장으로 인해 어느새 보기 좋은 향기가 그득하다.

가을과 함께 올 당신에게

　　　　우리 비록 시시한 주제일지라도 귀가 붉어지도록 열을 내고 침 튀기며 언쟁을 하자. 나를 이기려 뜻을 피력하는 열정과 승부욕이 보고 싶어. 그렇게 밤새 떠들다가 누가 먼저인지도 모르게 아무렇게나 널브러져 잠에 들자. 다음 날 힘껏 부은 얼굴을 보고 서로 못생겼다고 낄낄 웃자. 부스스한 머리와 입가에 마른 침이 묻은 얼굴을 나는 좋아하는 거야. 그때 내가 사진기를 들이밀어도 지금의 초췌한 행색 따위 신경 쓰지 말고 이를 드러내고 환하게 웃어줘. 매일 그렇듯 한낮에는 점심으로 무얼 먹을지 물어볼게. 오늘은 중식을 골랐으면 좋겠다. 마침 모아둔 쿠폰이 있는데 당신이라면 내 기꺼이 쿠폰으로 탕수육을 시켜줄 수 있거든. 해가 제 모습을 감추려 하기 두어 시간 전엔 밖으로 나가서 우리 걸음의 보폭을 재보자. 내가 당신보다 키는 크지만 다리가 짧고, 당신은 작아도 다리가 기니까 보폭이 많이 차이 나진 않을 거야. 계속 걷자. 한강으로 떨어지는 해를 보러 가자. 바닥에 은행들이 많이 떨어져 있으니까 밟지 않게 조심하구.

자, 손 줘.

향기와 음악

　얼핏 스치는 향기와 음악으로 인해 그 시절 우리가 쌓았던 추억들이 떠오를 때면 아찔할 정도로 눈과 귀가 멀게 되면서 내가 서 있는 곳이 어디든 금세 길을 잃게 된다. 차츰 정신을 차릴 즘, 우리가 남이기 전이었던 때도 있었다는 것을 새삼 알게 된다. 추억이란 게 빛은 조금 바래도 완전히 지워지진 않는구나. 지나간 날을 조금 곱씹어 본다.

　향기니 음악이니 하는 것들이 얼마나 잔인하냐면 이들에겐 사실관계를 따질 정도의 너그러움이 없다. 우리는 이제 연인이 아닌데 자꾸 예전의 우리 관계를 상기시키게 하는 것이다. 그때의 감정이 스멀스덜 피어오르면 괜히 울적해 며칠은 병든 닭처럼 시름시름 지내야 한다. 어느 밤엔 눈물로 눈가가 마르지 않기도 해서 괜히 술을 찾게 되기도 한다. 추억은 형체도 없으면서 어찌나 지독한지 언제나 저 자신을 뽐내기에 혈안이 되어 있다.

인간은 망각의 동물이라면서도 완전한 망각에 대한 기대는 접는 게 낫겠다고 생각한다. 수년이 지났음에도 그가 없는 나는 여전히 아무 데서나 길을 잃어버리니 말이다.

상상도 못 해먹을 이별

　　당신이 아무리 미워도 헤어질 수 없는 이유는 뭘까. 어쩌면 당신은 내가 모르던 사이에 내 몸속의 부속품 같은 의미가 됐는지도 모르겠다. 가끔 염증을 일으킬 수는 있지만 떼어냈다간 내가 죽을 수도 있는. 그런 당신과 헤어지면 어떨지 상상해본다.

　일단 뱃가죽이 갈라지고 그 사이로 당신이 줄줄 흘러나오겠지. 나는 어쩔 줄 몰라 하며 흘러나온 당신을 금덩이 모시듯 귀하게 부여잡아야 할 것이다. 나의 불찰로 당신을 바닥에 떨궜다가 생채기가 난다면 곧 내가 다치는 셈인 거니까. 핏물로 바다가 된 바닥에 누워 하늘을 보는 기분이란 어떤 걸까. 한시라도 빨리 갈라진 곳을 꿰매지 않으면 나는 곧 내장 손상이나 과다출혈의 이유로 죽게 될 거다.

뇌에 혈액이 공급되지 않을 테고 시력, 언어, 기억력 등 모든 뇌 기능을 상실하게 되겠지. 당신을 보고 말하고 기억할 능력이 없는 껍데기가 되는 거다. 근육은 빠르게 굳고 온몸은 멍든 것처럼 푸르뎅뎅해지겠지. 여전히 꿰매지 못한 곳엔 구더기가 가득하려나.

상상은 오래 할 수 없다. 실제로 내 배가 갈라진 것처럼 그 부위가 쓰리고 아찔했다. 어렸을 적, 순수함을 잃기 전에 보았던 지구 멸망 기사에도 이처럼 절망스럽진 않았다. 우리의 이별이 상상이라 얼마나 다행인지 모른다.

덕분에

상대방으로 인해 변해가는 내 모습이 만족스러우면 좋은 관계라고 했던가요. 흙 따위의 미둘 같던 나는 당신 덕분에 '사람' 노릇을 하며 살아가고 있는 것 같다는 생각이 듭니다. 그대가 피땀 흘려 가르쳐주고 느끼게 해준 덕분에 나는 생각의 폭이 넓어지고 감정의 깊이가 깊어진 것을 느낄 수 있어요.

고작의 나를 고작에서 머물지 아니하게 하는 힘에 버려도 아깝지 않을 만큼 하찮을 거라 넘겨짚었던 오늘을 값지게 살았습니다. 이 은혜를 어떻게 갚으면 좋을까 고민해봅니다. 당신과 닮은 사람이 되어 당신이 이토록 멋진 사람이었다는 걸 보여주는 게 좋겠지요.

여느 날,
어느 사람의 특별한 사랑

 그녀는 데이트 중에 자주 펜과 노트를 꺼내 무언가를 적어내린다. 그리곤 노트를 부욱 찢어 내 손에 쥐여주며 말한다.

"당신은 영감(靈感)이야."

 카페에서든 술집에서든 한 데 엉켜 침대에 드러누워 있을 때든 그냥 길을 걸을 때든 그녀는 나와 있을 때면 영감이 찾아온다고 했다. 그녀가 건넨 성의라곤 없고 개성 있게 찢겨진 종이 쪼가리를 보면 난생처음 들어보는 단어들이 서로 먼저 등장하겠다며 질서 없이 엉켜있다.

"이 해괴망측한 글이 시라고?"

 이것도 해석할 수 없냐고 입을 삐쭉 내미는 그녀에게 나는 읽는 사람이 한 번에 이해할 수 없어야 시의 조건을 갖춘 거냐며 괜히 볼멘소리를 한다. 구시렁도 잠시. 가공되지 않고 여기저기 휘갈긴 글씨체를 보면 그녀가 얼마나 수수한 사람인지 어렴풋이 알 수 있다. 하긴. 내가 그녀에게 푹 빠진 이유도 이처럼 꾸미지 않은 모습이 아름다운 사람이었기 때문이었지.

 문득 그녀는 노력하지 않아도 예쁠 수밖에 없는 갓난아기와 닮았다는 생각이 들어 꼼지락한 애착을 느꼈다. 읽기 쉬운 편지든 이해하기 어려운 시든 무엇이 중요할까. 내가 살아 숨 쉬는 것만으로도 영감이라고 말하는 이가 코앞에 있는데. 어디에도 쓸모없다고 여겼던 내가 누군가의 영감이 되는 경험은 앞으로 얼마나 더 경험할 수 있을지 모르겠지만 몇 번을 더 겪든 이처럼 황홀한 기분 속에서 생을 마감할 수 있다면 얼마나 좋을까 싶었다.

 항상 날이 서 있고 예민한 사람이라 할지라도 진득한 사랑을 배부르게 받다 보면 날은 서서히 무뎌진다. 사람은 어느 시절을 어떤 이와 보내느냐에 따라 다르게 성장하는 것을 경험을 통해 알았기 때문이다. 그동안 쌓아왔던 세상에 대한 두려움과 증오가 그녀를 간남으로 인해 서서히 사라지는 것을 느낀다. 사랑에 빠지면 에너지 드링크라던가 자양강장제라던가 비타민 같은 것들이 무슨 소용일까. 여느 날. 어느 사람의 특별한 사랑이 적절한 양의 스테로이드인데.

공통점

　　서로에 대해 알아가는 중에 내 이야기를 하면 그건 자기 이야기라며 말을 끊고, 그의 이야기를 듣다 보면 내 이야기 같아서 말을 자른다. 서로 자신의 이야기를 하는 중인데 상대방의 이야기를 대신해서 하는 것 같다고.

　　아니, 아니지. 나는 내 이야기를 하는 게 맞고 그도 그의 이야기를 하는 게 분명한데 어쩜 이렇게 서로 하고 싶은 말이 똑같을 수 있느냐는 거지. 자꾸 네 말이 내 말이라고 하고 이 말이 그 말이라고 하고...

　　그러니까 이게 무슨 말이냐면... 아오. 답답해.

잘자

 이제 막 잠에든 당신은 내가 살짝만 뒤척여도 찔끔 실눈을 뜬다. 그 모습이 애달파 최대한 기척을 숨긴다. 세상에 단 하나밖에 없는 이 얼굴을 찬찬히 산책하다 보면 가냘프고 작은 당신의 연약함이 가슴까지 사무쳐 눈물이 머금어진다. 이처럼 섬약한 몸이 어쩔 땐 나를 보호하며 하나뿐인 안식처 역할을 한다는 사실은, 강인함이라 여기던 것이 무엇인지 혼란에 빠지게 한다.

 당신 얼굴 아래에 누워 호흡이 일정하게 빠져나오는 코 아래에 내 코를 나란히 놓는다. 따뜻하고 습한 바람. 오늘따라 숨 쉬는 것마저 경이롭다는 생각을 한다. 고개를 들어 연기를 뿜는 분화구에 입을 맞추면 당신은 눈도 못 뜬 채로 얼굴을 이리저리 움직인다. 마치 입이 손인 것처럼 내 얼굴 곳곳을 더듬다가 이내 나의 입과 위치를 맞추면 그제야 움직임을 멈춘다. 뒤척이느라 흘러내린 몇 올의 까만 머리칼을 귀 뒤로 반듯하게 넘겨주고 찬찬히 배를 쓸어준다. 턱 아래까지 이불을 끌어 올려주고 자주 발작하는 손을 잡아 내 팔과 옆구리 사이에 끼워주면 오늘 밤 찾아올 악귀로부터 당신을 지킬 준비는 끝난다.

꿈에서야 당신의 표정을 읽을 수 있었다

살

　　나는 오른쪽, 당신은 왼쪽. 우리가 부둥켜안기 좋아지려면 나는 왼팔을 내어주고 당신은 그걸 베고 눕는다. 당신이 내 쪽으로 돌아누워 왼팔로 나를 감싸 안으면 남은 오른팔은 갈 길을 잃어 우리의 가슴이 맞닿는 부분에 어정쩡하게 끼인다. 나는 그 손이 애처로워 내어줬던 팔을 빼고 당신과 얼굴을 마주할 수 있게 조금 내려가 눕는다. 그리고 당신의 팔을 베고 눕는다. 실제로는 팔을 벤 게 아닌, 침대와 베개 사이의 공간에 당신 팔을 넣고 베개를 베는 것이다. 당신은 이제야 제대로 안을 수 있다며 양팔로 내 목을 포근하게 두른다. 침대에서 서로 편하게 껴안기란 쉬운 일이 아니구나. 이제 내 왼팔이 갈 길을 잃었지만, 그녀의 양팔이 자유로우면 그것으로 되었다. 솔직하게 말하면 내가 당신에게 한껏 안길 수 있게 되었으니 그게 좋은 걸 수도 있다. 당신은 나의 뺨을 지나 어깨에 턱이 닿을 때까지 얼굴을 밀어 넣는다. 그리고는 숨을 크게 들이쉬면서 말한다.

"음, 당신 냄새"

잠시 동안 내게서 날 수 있는 냄새를 생각해보았다. 바디워시나 바디로션은 쓰지 않는다. 얼굴에 바르는 것도 죄다 무향이고 섬유유연제도 안 쓴다. 향수도 아주 가끔 특별한 날에나 뿌리고 게다가 지금은 샤워를 한 뒤라 향은 다 씻기고 없을 테다. 내게 어떤 냄새가 나냐고 물으니 살냄새라고 말한다. 나에게서만 나는 살냄새가 있다고 한다. 그녀가 좋다며 맡는 냄새를 나는 죽을 때까지 맡지 못할 수도 있지만 이렇게라도 냄새의 존재를 알고 의미가 붙여지는 게 귀한 일이라 생각했다.

연애를 하다 보면 살면서 한 번도 들어보지 못한 말을 듣게 된다. 한 번도 해보지 못한 생각을 하게 되면서 새로운 나를 알아간다. 나는 받아들일 수 없지만 시골 밤하늘에 뿌려진 무수한 별처럼 늘어놓는 칭찬은 자존감이 되었고, 나는 맡을 수 없지만 냄새가 좋다는 내 살은 자부심이 되었다. 너무 평범해 눈에 띄지 않던 것에 매 순간 의미를 부여해주는 것. 당신이 나를 사랑하는 방식이다.

선물의 의미

 약속 시간까지 두 시간 남짓 남아 합정동의 카페에서 혼자만의 시간을 보내기로 한다. 차가운 아메리카노를 주문하고 내부를 둘러보니 여러 장식품으로 한껏 꾸며져 있다. 그중에 눈에 띄는 달 조명. 문득 나는 달을 왜 좋아하게 됐는지에 대해 생각한다. 태양 빛이 없으면 달 역시 빛날 수 없다는 사실에 나는 달을 좋아하게 됐다. 누군가의 도움이 없다면 홀로 빛날 수 없는 처지가 나와 비슷한 것 같았기 때문이다. 그로부터 차츰 나를 드러낼 수 있는 공간을 달로 채워나갔다. 메신저 프로필 사진과 SNS 게시물. 방에 붙여 놓은 사진이나 장식품까지 모조리 달로 채워갔다. 이를 잘 아는 내 주변 사람들은 달 사진이나 장식품 같은 것들을 보면 내게 선물로 주곤 했다. 매 순간 고마운 마음으로 선물을 받는다. 그러나 고마움의 근원은 물질적으로 건네받는 선물이 아닌 챙겨주려는 마음에 있다는 것을 그들은 알고 있을까. 달을 좋아하기도 하지만 선물을 받았다는 사실보다 나를 알아주고 기억해주는 섬세한 움직임이 더욱 강한 울림을 준다. 누군가의 마음 한편에 내가 살고 있다는 사실이 값진 삶이라는 것을 대변하기 때문이다.

문득 당신 하면 떠오르는 것들이 머릿속에 줄을 서기 시작했다. 그것들을 모조리 장바구니에 담고도 생활이 부담스럽지 않을 수 있을 만큼 열심히 살아온 내가 대견스럽기도 했다. 생각은 이쯤에서 그만하기로 하고 서둘러 편지지부터 사러 가야겠다.

커피는 반도 못 마셨다.

눈물로 바다를
만들 수도 있겠다

당신을 마음껏 사랑할 수 있다는 사실에 기뻐서 눈물이 나고, 잠시 이별하는 상상을 해봤더니 참혹함에 눈물이 흐른다. 내가 사랑하는 만큼 사랑을 돌려받고 있다는 게 기적 같아 감격의 눈물이 흐르고, 우리 관계가 베테랑 여행자의 배낭처럼 튼튼하게 결속된 것 같아 벅찬 눈물이 난다. 우는 건 그만하고 싶은데 사랑을 하는 중에 울지 않는 것이란 도무지 불가능한 일 같다.

다정한 시야

- 야 너는 어떤 사람 좋아하냐.
- 글쎄... 좋아하는 것보단 싫어하는 모습이 적은 사람이 좋지. 아무래도 인상 찌푸릴 일이 적잖아.
- 하긴 네가 삶을 대하는 태도 자체가 좀 그렇긴 해. 좋아하는 걸 하고 싶은 욕망보다도 하기 싫은 걸 안 하려는 욕망이 더 크잖아.
- 맞아, 그 때문이겠지. 그럼에도 딱 하나만 꼽아보라 하면 나를 찬찬히 들여다 봐주는 사람이 좋더라. 누군가를 만나다 보면 상대방의 모든 감각이 나를 향하고 있다는 느낌을 받을 때가 있어. 그런 사람들은 나도 모르는 내 습관을 알아챈다거나 취향을 금방 파악해줘. 오래도록 침잠되어 있던 탓에 이끼처럼 낀 우울

을 닦아주기도 하고. 내가 지금 생각에 잠긴 건지 그냥 멍 때리는 건지 친하지 않으면 잘 모를 것들도 알더라고. 사려가 깊다거나 섬세한 거랑은 좀 달라. 뭐랄까 다정한 시야를 가진 사람이라고 해야 하나. 그 시야 안에서는 내가 뛰다 넘어졌을 때 달려가 안길 수 있을 것만 같고 졸리면 잠투정, 배고프면 밥투정을 부릴 수 있을 것만 같아. 그런 사람이 옆에 있으면 내가 세상에서 가장 값진 사람이 된 거 같아. 사람들이 남한테 관심을 많이 갖는 것 같지만 사실 그렇지도 않다는 거 알잖아. 따뜻한 관심 한 번 받고 살기 어려운데 한 사람의 눈과 귀, 코와 입에 내가 가득 담겼다는 건 말 그대로 기적인 거니까. 나는 또 그게 황홀해서 좋은 거야.

- 그럼 그냥 관심만 가져주면 돼? 원래 좋아하면 다 관심 가져주잖아.

- 글쎄 그게, 좋아한다고 해서 모두가 나를 찬찬히 들여다 봐주는 건 아니더라고. 아무리 좋아한다고 해도 지금 내 눈에 담긴 게 걱정인지 분노인지 농담인지 진담인지 모르는 사람이 많아. 괜찮다는 말의 진위여부도 모르고 어떤 것에 예민하고 어떤 것에 둔감한지도 잘 모르고 말이야. 시간이 흐르면 자연스럽게 알게되는 건 줄 알았는데 별개의 문제인 거야. 그냥 타고나는 것 같아. 다정한 시야라는 건.

거짓말의 희열

 어떤 거짓말은 꼬리가 길어 밟힐 때까지 해줘야 제 맛이지. 괜찮지 않을 때 하는 '괜찮아'라던가, 힘들 때 하는 '힘들지 않아'라던가 하는 것들.

어느 행성

　사람이 하나의 행성이라면 사랑은 그 행성을 여행하며 생존하는 법을 터득하는 일 같습니다.

　술 마시면 필사하는 거. 사람은 눈빛이 전부라 생각하는 거. 원단을 돗자리로 쓰는 거. 단어뿐 아니라 억양도 잘 선택해야 한다는 거. 겨울엔 습기 찬 포장마차에 가야 하는 거. 인디 음악을 찾아 듣는 거. 집에 들어오면 인센스 향부터 피우는 거. 메시지로 대답할 땐 '응'을 두 번 쓰는 거. 물음표보단 온점을 쓰는 거. 이런 것들이 모두 그 행성에서 살아가는 법이었으니까요.

　저는 앞으로 또 어떤 행성을 여행하게 될까요. 얼마나 많은 것들을 배우게 될까요. 그리고 저는 어떤 흔적을 남길 수 있을까요.

당신은 어떨까

 그는 내가 수년째 명소들을 찾아다닐 정도로 일출과 일몰을 좋아한다는 걸 알고 있을까. 나는 그것들을 줄곧 봐오면서 알게 된 게 있다. 해가 뜨거나 지기 전까지는 그 순간이 너무나도 더디게 다가오는데 기다리던 그림이 펼쳐지고부터는 시간이 혹하고 지나간다는 것을. 눈을 잠깐 감았다 뜨면 수평선에 걸쳐있던 태양의 모습이 바뀌어 있으니까. 그런데 이거 좀 이상한 거 아닌가. 시간은 오차랄 거 없이 흐르고 누구도 그걸 거스를 수 없는데 기대하던 장면이 눈에 들어온 뒤론 순식간에 지나가 버리는 거, 아무리 생각해도 순순히 받아들이기는 억울하다.
 나는 일출이랑 일몰 말고도 시간이 더디게 오거나 빠르게 지나가는 때를 또 하나 알고 있다. 그 사람을 만날 때.

우리가 약속을 잡은 뒤로 그이를 보기로 한 날까지 시간이 얼마나 느리게 가던지. 속이 뒤집어질 것 같아서 욕을 하기도 했으니까. 이렇게 느릿하게 지나갈 시간이라면 그와 데이트하는 날도 시간이 더디게 가는 게 아닐까 하고 내심 기대도 해봤다. 하지만 시간을 관할하는 신은 보란 듯이 나를 비웃는다. 저 멀리서 걸어오는 그이를 눈에 담자마자 또다시 시간은 기형적으로 빠르게 흘러가 버리니까. 무자비한 속도로 빠르게. 그 신, 시간의 신. 악신이 분명할 거다. 소중한 걸 눈에 오래 담으려고 하려 할 때마다 자꾸 나타나서 시곗바늘을 가지고 장난을 치니 말이다.

그도 그럴까. 나와 만나기 전까지 시간이 흐르질 않아 불만을 가져본 적이 있을까. 시간이 제 일을 열심히 하지 않아서 괘씸하다고 생각해봤을까. 내가 보고 싶거나 그리운 적이 있을까. 같이 있는 순간만큼은 시간이 멈춰줬으면 좋겠다고 생각하며, 그도 내가 자신과 같은 생각을 하는지 궁금할까.

신(神)

　　친구들로부터 여자친구는 어떤 사람인지, 어디가 좋은지, 어떻게 만났는지 등의 여러 질문을 받는다. 그럴 때면 내가 그녀에게 느끼는 감정의 본질을 온전히 설명할 능력이 부족하다는 것을 느끼고 한숨만 쉬다가 결국 횡설수설하다가 말을 마친다. 내가 할 수 있는 설명이라곤 그녀와 함께 걷는 길엔 언덕이 없는 것 같다 라던가 숨만 쉬고 있어도 즐겁다고 하는 게 고작이다. 어떤 형용사를 붙여도 그녀가 어떤 존재인지 속 시원하게 표현할 길이 없는 거다. 토종 한국인인 나조차도 현재 가진 한국어 회화 수준으로는 도저히 느끼는 것들을 온전하게 설명할 자신이 없을 정도로 거대한 사람이기에. 며칠이 지나도 친구들에게서 쏟아졌던 수많은 질문에 어리바리하던 답답한 내 모습이 떠나질 않았다. 다음에는 필히 속이 꽉 찬 설명을 할 것을 다짐하며 그녀가 내게 어떤 존재인지 더 깊이 생각해 본다.

그녀는 분명 시공간을 관장하는 절대자일 것이다. 주변은 잡다한 사물들과 소음으로 얼룩졌는데 그가 능력을 부리면 그 반경은 어느새 삼라만상이 사라진 적막을 만들어낸다. 그녀는 태양과 달, 행성과 별을 싹 지워버리고 끝없이 깊은 어둠 속에 우리 둘만 나란히 남게 한다. 캄캄한 우주에 우리 둘이라는 행성만 새로 태어난 것을 알게 되면 난 어느새 황홀경 안으로 처박히게 된다. 그뿐만 아니라 내 안에 새로운 하늘과 바다를 깔고 산과 평지를 닦아 마음에 쏙 드는 세상을 만들 수 있게 도와주니, 나는 그를 절대자라 칭하지 않을 수 없는 것이다.

그녀의 이름을 뜻풀이해 보면 은혜의 신이라고 한다. 풀이에 따라 나 역시 그녀에게 은혜를 입은 거나 다름없다. 단점을 장점으로 바꿔주고 콤플렉스를 뽐내고 싶은 부위로 만들어준 사람. 떠올리기 싫은 과거를 보듬어주고 음습했던 일상에 볕을 쬐어준 사람. 세상엔 우리 둘밖에 없으며 그것이 곧 사랑뿐인 것을 알게 해준 사람. 시공간뿐 아니라 은혜와 사랑까지 베풀던 절대자.

내 삶의 유일 신(神).

우리

　　우리 섹스는 낮에 할까요. 대낮에, 그러니까 해가 젊을 때 내뿜는 빛보다 더 뜨겁게. 술 먹고 실수인 듯하지 말고 맨정신에 해요. 우리가 입 맞추고 더듬는 이 시간을 하나도 빠뜨리지 않고 기억해야 하니까요. 색소폰 재즈를 틀어도 좋고 피아노 뉴에이지를 틀어도 좋아요. 옷가지 따위야 어디에 대충 흩뿌려 놓아도 괜찮아요. 서로에게 지어진 굴곡을 수없이 넘나들며 수수한 욕망으로 선 잔털까지 보듬어 보기로 해요. 일그러진 당신의 얼굴이 얼마나 아름다운지, 침대 시트가 무엇으로 얼룩졌는지, 서로가 서로에게 어떻게 젖어 들었는지 창문을 뚫고 들어오는 낮의 빛으로 봐요. 잔뜩 상기되어 포개어진 우리의 몸 위에는 틀어 놓은 은은한 선율이 내려앉아요. 우리를 봐요. 다시, 나만 봐요. 사랑하느냐고 묻는다면 단번에 대답하지 못해요. 침대 위에서 하는 말은 믿는 게 아니래요. 그러니 같이 샤워하러 가요. 서둘러 당신에게 사랑한다고 말해야 해요. 사랑해. 사랑해요. 나 찌개 잘하는데 다 씻고 김치찌개 끓여줄까요. 당신이 조심스럽게 야금야금 먹으면 나는 입가에 이것저것 다 묻혀가며 게걸스레 먹겠지. 나는 하나도 안 창피해. 당신이 닦아줄 거잖아. 냉동실에 아이스크림 있어요. 책 읽으면서 먹자. 의자에 구부정하게 앉아도 좋고 침대에 반쯤 누워도 먹어도 좋아요. 잠이 오면 참지 말고 눈을 감아요. 털털털 소리를 내며 돌아가는 선풍기에 아이스크림이 녹아 책에 뚝뚝 떨어지기 시작하면 그것들을 모두 내려놓고 당신 머리를 쓰다듬어줘야지. 대낮의 섹스는 우리를 이렇게 깊어지도록 만들 거예요.

무방비 상태

　　　오랜 고심 끝에 내 마음에 꼭 맞게 만들어 놓은 내 집에 초대받지 않은 사람이 자주 들락날락하는 것. 그러더니 제집인 양 본인 짐을 끌고 와 하나둘 풀어 놓는 것. 세심하게 설계한 내 집에 특정 인물의 엉뚱한 짐이 늘어나면서 집안일이 늘어나고 정리할 게 많아지는 것. 허락도 없이 내 집에서 사는 것. 내 물건을 자신의 것으로 여기고 이것저것 만져보고 가지고 놀다가 망가뜨리기도 하고 잃어버리기도 하는 것. 그럼에도 그게 밉지 않고 귀찮지도 않으며 모든 궂은일을 웃으며 이겨낼 수 있게 하는 것. 난데없이 찾아든 사랑.

하나도 무섭지 않아

 상대를 너무 좋아하면 내 삶이 아닌 상대의 삶을 살 것 같아 두렵다는 말을 듣고, 나는 나의 삶이 아닌 애인의 삶을 살고 있을 때만큼 행복했던 때가 없었다고 말했다. 내 삶이 온통 당신으로 가득해서 일상의 모든 주파수가 당신이라는 신경회로를 타고 뇌로 도달하던 그때. 반나절 이상의 고된 근무를 마친 뒤 당신과 밤새워 놀고 곧바로 반나절 근무에 투입하고도 힘든 걸 몰랐던 그때. 우울함이 내 힘의 원천이라고 절대적으로 믿고 있던 때에 당신이 우울의 자리를 꿰차고는 나의 힘의 되어주던 그때. 사랑에 빠진 당신의 삶은 비록 내가 아닐지라도 내 삶은 온전히 당신이었던 때를 돌이켜보면 그때만큼 내 삶이 찬란했던 적도 없었다. 그렇기에 이별의 트라우마는커녕, 또다시 누군가를 나 자신으로 착각할 수 있을 정도의 사랑을 할 수만 있다면 나는 그 길이 살모사가 득실득실하고 불구덩이가 도사리고 있는 지옥이라 할지라도 내 몸을 던질 수 있다.

이 또한 자명한 사랑이다

　　사랑하는 사람이 아프면 나의 보호자 경력도 쌓인다. 아파하는 당신을 보고 있자면 어린 시절 잔병치레를 자주 했던 내 모습과 겹쳐 보인다. 아픈 사람이어만 봤지 아픈 사람을 돌본 적이 없는 나는 당신이 아플 때면 발을 동동 구르고 손을 벌벌 떨며 안절부절못한다. 할 수 있는 거라곤 당신 손을 잡고 등을 토닥이며 잠에 들 수 있게 돕는 게 전부다. 식은땀을 흘리는 당신과 비지땀을 흘리는 나를 보면 어린 시절의 어머니와 내 모습이 떠오른다.

　어머니는 지금의 나보다도 더 어릴 때 결혼을 하셨다. 어릴 적 나는 유난히 많이 아팠다고 한다. 어머니는 그런 나를 데리고 낮이든 새벽이든 병원을 향해 자주 뛰었다. 어머니가 옛날부터 발목을 아파하는 모습을 자주 보아왔는데 그 이유가 나를 업고 병원을 가다가 다친 거라는 사실을 다 큰 뒤에야 알았다. 본인을 치장하고 친구들과 어울리며 이곳저곳 놀러 다니면서 한참 찬란하게 빛나야 했을 이십 대 초반의 여성이 포대기를 맨 한 아이의 엄마가 되어 온갖 고난과 역경을 마주했을 생각을 하니, 도대체 사랑이 뭐라고 이 난리를 피워야 했던 걸까 하며 괜히 어머니의 청춘이 아까워 짜증이 났다.

잠에든 당신의 배를 쓰다듬으며 엄마 생각을 하고 있는데 미안하다는 말이 들려와 정신을 차렸다. 나는 기가 차서 피식 웃음이 났다. 계속해서 미안하다고 말하는 당신에게, 사랑하는 사람이 아프면 돌보는 게 마땅한 거지 무슨 말이 그리 많냐며 꾸지람을 하다가 나도 엄마한테 늘 미안해했더라는 것을 알았다. 작지만 우리 둘이 눕기엔 모자람 없는 침대의 가운데에 당신을 눕히고 그 옆에 엉덩이만 살짝 걸쳐 걱정 어린 눈으로 당신을 바라본다. 내가 대신 아파줄 수 있으면 좋겠다는 생각을 몇 번이나 했는지 모르겠다. 더 아파도 좋으니 내가 아프고 싶었다. 아마 어머니도 아파 누워있는 나를 보며 같은 생각을 했을 테다.

어쩌면 사랑에 희생이 전제되지 않는다면 그 뿌리는 쉽게 뽑혀 날아갈 수도 있겠다. 주고도 준 걸 모르고 힘들어도 힘든 걸 모르는, 모든 걸 쏟아내어 줬지만 지치지 않는 마음으로 기반이 된다면 사랑은 더욱 단단해지겠지. 어린 날의 어머니에게 받았던 사랑처럼, 나 역시 당신에게 모든 것을 희생할 수 있으니 이 또한 자명한 사랑이리라. 오늘은 사랑한다는 말을 내가 아파주고 싶단 달로 대신했다.

돌고 도는 선물

　　온갖 미사여구를 붙여도 나를 표현하기 부족하다는 당신은 꾸준히 내 이름 앞에 온갖 꾸밀 것들을 가져와 총망라하여 칭찬을 합니다. 어디선가 남자에게 최고의 선물은 칭찬이라는 말을 들은 적이 있어요. 그 말은 진짜였던 걸까요. 힘이 솟은 나는 마땅한 보답을 하기 위해 당신의 마음을 조금이라도 데워줄 수 있는 게 뭐가 있을지 즐거운 고민을 하게 됩니다. 당신을 위한 선물을 준비합니다. 이 작은 선물은 당신이 나를 가치 있는 사람으로 만들어준 것에 비하면 보잘것없음에도 당신은 역시나 행복해합니다. 오늘은 한 손에 쥘 수 있는 선물이지만 다음엔 양손으로도 모자랄 만큼 큰 선물을 주겠노라 스스로 다짐을 해요. 나를 대단한 사람으로 만들어준 장본인이니까. 당신은 내가 지금보다 더 나은 사람이 될 수 있으리란 믿음을 나 스스로 가질 수 있게 하니까요.

나는 더 바랄 게 없어요. 더도 말고 덜도 말고 앞으로도 지금처럼만. 사소한 것까지 신경 써줘서 고맙다고, 배려해줘서 고맙다고, 나랑 함께여서 즐거운 시간이었다고, 내가 아니면 안 됐을 거라고, 여전히 내가 좋다고. 딱 그 말이면 돼요. 당신이 내게 준 선물로 나는 더 큰 선물을 준비합니다.

맛있게 익은 우리

　　우리, 맹목적으로 사랑하는 일에만 몰두하던 적이 있지 않아? 지금처럼 농익기 전에 말이야. 반나절 내내 데이트를 하고 집으로 돌아가는 열차에 올랐는데 당신에게 남은 반나절도 내가 쓰고 싶었던 적도 있었고, 양손을 모두 잡고 있으면서도 손이 잡고 싶어서 팔 하나가 더 있었으면 좋겠다는 허무맹랑한 생각도 했다고 했잖아. 일이 몇 시에 끝나든, 당신에게 가는 길이 또 몇 시간이 걸리든, 다시 집으로 돌아올 때 할증 붙은 택시비가 얼마나 나올지 신경 쓰지 않고 무작정 보기만 하면 된다던 때도 있었고 말이야. 당신은 어땠는지 모르겠지만 나는 말로 전하는 진심은 왠지 진부하고 금방 사라져버릴 것만 같아서 손이 저리도록 같은 내용의 편지를 썼다 지웠던 적도 많았어. 글씨를 잘 썼더라면 버려지는 편지지가 적었을 수도 있었을 텐데 당최 글씨를 예쁘게 쓸 수가 없었지. 그때 처음 알았어. 사랑하는 사람에게 편지를 쓰면 펜이 공명한다는 걸 말이야.

당신과 내 휴대폰 메모장엔 서로의 취향이 비밀스레 자리하고 있었고 언젠가 지나가듯 말한 것들을 모두 모아놨다가 깜짝 선물로 주고받던 때도 있었지. 그렇다고 마냥 아름답기만 한 건 아니었어. 식성과 취미, 주말을 보내는 방법과 다투는 방법까지도 너무 다른 우리였으니까. 상대방이 제일 좋아하는 음식 더러 어떻게 그런 걸 먹냐고 질색하던 때도 있었고, 그게 무슨 취미가 될 수 있냐며 비웃고 견제하던 때도 있었잖아. 서운해 하는 것에 대해 별 사소한 거로 서운해한다고 콧방귀를 뀌던 때도 있었고 겁이 많아서 걱정투성이인 사람에게는 그렇게 무서워서 그동안 어떻게 살아왔느냐며 비아냥거린 적도 있었지.

서로가 다른 것뿐이지 누구 하나가 틀린 것은 아니니 다른 부분을 맞춰나가자면서 맞추는 척만 하고 실상 맞추는 법도 몰랐던 우린데, 세상이 진동할 만큼 다투는 날들이 많아지다 보니 점차 상대를 인정하게 되는 부분이 많아지고 스스로 내려놓아야 할 게 무엇인지도 알아갔던 것 같아. 우리에게 가장 큰 걸림돌이었던 서로의 자존심이 수그러지는 걸 보게 되는 순간 머릿속에서 폭죽이 터지는 것 같더라. 사람은 절대 고쳐 쓰는 거 아니라고 했는데 우리는 여차저차 서로를 잘도 고쳐서 썼으니까. 그 과정에서 겪는 아픔을 감수하는 일은 절대 쉬운 일이 아니었는데 그럼에도 불구하고 끝까지 강행했던 대장정의 끝은 이루 표현할 수 없는 전경이 펼쳐진 산 정상에 오른 것 같았으니까.

우린 어느새 몇 개의 계절을 함께 보내었고 그사이에 보기 좋게 농익었지. 그저 볕이 따뜻하고 가끔 비가 내렸다고 농익은 건 아닐 거야. 관계를 조심스럽고 애달프게 여겼기 때문이지. 온갖 질병에 노출된 갓난아이를 돌보듯 말이야. 사실 우린 서로가 서로를 고쳐 놓은 게 아니라 각자 상대방에게 어울리는 모습으로 스스로 맞춰가던 걸지도 몰라. 나로 인해 상대방 본연의 모습이 바뀌는 걸 극도로 싫어하는 둘이었으니까.

예전의 우린 방금 막 불붙은 나뭇가지처럼 사랑했더라. 뜨겁고 열정적이었지만 사납게 타들어 갔고 불씨가 어디로 튈지도 몰랐지. 지금은 속까지 알차게 탄 숯 같아. 은은하지만 오래 가고 서로 타는 법을 능숙하게 알고 있으니까. 더 바랄 거 없이 지금처럼 꺼지지 않는 숯으로 머무를 수 있다면 얼마나 좋을까.

꽃 한 송이

 지루한 하루를 보내고 목동역으로 향하는 5호선 열차를 탄다. 대중교통이 아니면 책을 읽을 수가 없는데(다른 데선 도무지 책이 읽히지 않는다) 으늘따라 책은 읽기 싫다. 습관적으로 찾는 SNS의 세상도 지겹다. '인생 노잼' 시기에 들어선 것처럼 요즘은 아무것에도 흥미가 일지 않는다. 그때 중년 부부가 손을 꼭 잡고 지하철에 올랐다. 여자는 열차 귀퉁이에 서서 남자로부터 받은 것으로 보이는 장미꽃 한 송이를 끊임없이 바라본다. 사랑이 눈에 보이기라도 하는 듯 어여삐 본다. 쉼 없이 향기를 맡는다. 그녀는 아무 말 하지 않았지만, 꽃에서 남자에게로 옮겨지는 눈빛에선 사랑을 맡았다고 말하는 것 같았다. 여자의 입가에 걸린 미소는 떠날 줄 모른다. 마치 꽃을 처음 받아보는 사람처럼 행복한 마음이 내가 앉은 곳까지 느껴진다.

아무리 만개한 꽃이라고 한들 꽃 앞에서 어린아이가 되어버리는 여성보다 아름다울 수 있을까. 아무리 좋은 향기를 뿜내는 꽃이라 한들 중년의 여성을 한순간에 아이로 만들어버리는 로맨틱한 남자보다 향기로울 수 있을까. 과연 여자란 길가에 핀 꽃을 꺾어다 줘도 마음이 흔들린다는데 그 말이 틀린 말이 아닌가보구나 싶었다. 메모장을 열어 적는다.

'사랑하는 사람이 생기면 가장 먼저 꽃부터 선물하기'

그 향기는 잘 지낼까

 독립서점에서 일했던 적이 있습니다. 손님들이 들어오면 다양한 향기도 함께 들어와요. 수선화 향을 풍기는 사람이 있고 베이비파우더 향기가 나는 사람도 있어요. 어디선가 맡아본 적은 있지만 이름 모를 향기를 맡게 되기도 합니다. 이 작은 공간에서 뒤죽박죽 섞인 여러 향을 음미하다 보면 문득 기억 속에 깊고 진하게 베었던 향을 맡게 되기도 합니다. 그때 그 시절의 추억이 새록새록 떠올라요. 어떨 때는 추억을 곱씹는 걸 넘어 이름만 남기고 모든 것이 지워진 그 사람의 안부까지 궁금해지기도 합니다.

 영원한 건 없다지만 시간이 이토록 지났는데도 여전히 이별인 인연이라면 삶의 이면에는 분명 영원이 존재하는 것이겠지요. 잠깐의 이별인 줄 알았던 그때의 그 인연들은 어디서 어떻게 지내고 있을까요. 나도 참, 내 안부도 물어볼 줄 모르면서 오늘도 떠나간 사람들의 안부를 궁금해하고 있습니다.

눌리지 않는 삭제 버튼

 기억력이 좋지 않은 편이라 매사에 메모를 한다. 수천 개의 메모들을 보니 그동안 내가 뭘 잊지 않으려 이리도 발버둥을 친 걸까 싶었다. 오늘도 역시 잊으면 안 되는 것들을 적으려 메모장을 열었는데 창문을 깨고 들어온 야구공처럼 와장창 당신이 튀어나왔다. 좋아하는 음식, 가고 싶다던 카페, 읽고 싶다는 책과 읽어보라고 추천해준 책, 함께 보자던 영화, 불규칙한 일주일 스케줄, 당신이 내게 해준 감동적인 말과 내가 매 순간 당신에게 느끼던 감정들, 선물해주려 물어봤던 옷과 신발 사이즈까지.

 이제는 지워야 할 당신의 취향과 정보들. 아니, 훨씬 전부터 지워야 했던 당신과 나의 이야기. 수십 장에 수 놓인 당신을 왜 지우지 못하고 있을까. 이마저도 지워버리면 부정하던 이별을 인정하게 되는 것 같아서 망설였던 걸까. 당신의 흔적을 정리하는 내 모습을 볼 용기가 없었던 걸까. 여전히 해답을 찾지 못해서, 해답을 알 때까지만 두자며 나는 오늘도 어쩔 수 없다는 듯 메모를 지우지 못한다.

능력

하루의 끝이 보일 무렵. 내내 꿈틀거리던 그리움이 서서히 본모습을 드러내려 하면 덩달아 미화 능력도 제힘을 발휘합니다. 본인은 아니라지만 내가 느끼기엔 짜증이 가득 섞인 말투나 팔자로 걷던 걸음, 좀처럼 굽히지 않던 고집 같은 것들이 이상하게도 어여삐 느껴져요. 모두 내가 참을 수 없는 것들이었는데도 이별 뒤에 바라보는 세상은 헤어지기 전의 세상과는 많이 다르게 보입니다.

내게 과거를 미화하는 능력만 없었다면 이별 후의 하루하루가 이토록 고통스럽지만은 않았을 수도 있을 겁니다. 아무리 좋게 포장을 하더라도 적당한 선에서 멈출 수 있는 제어능력이라도 잘 발달 되어 있었다면 일상이 이만큼 버겁지 않았을 수도 있었겠지요. 뻔뻔하게 모든 탓을 당신으로 돌리는 능력이나, 우리를 가벼이 여길 수 있는 합리화 능력이라도 있었더라면 천국같이 뽀얗던 하늘이 흙탕물로 번지지는 않았을 거예요. 미화의 힘이 이렇게나 무시무시합니다. 잠시 번쩍이는 것만으로도 멀쩡한 사람의 혈을 눌러 숨 쉬는 것 외엔 아무것도 할 수 없는 지경으로 만들어 버리니 말이에요.

적당히 행복해

3장

적당히 행복해

그냥 할 수 있던 일들이
이젠 용기를 가져야만 할 수 있다

    은퇴 후 테니스 코치로 지낸 지도 어언 6년을 바라보고 있습니다. 레슨 할 때 학생분들은 보완하고 싶거나 강화하고 싶은 부분에 대해서 저와 상의를 해요. 저는 그들의 이야기를 듣고 처방을 하죠. 스윙의 전체적인 틀이나 라켓 면의 모양, 스윙의 궤적, 스텝, 사람과 공의 거리, 그 밖에도 여러 주의 사항에 대해서 주문을 합니다. 이전에 갖고 있던 습관에서 벗어날 수 있게 돕고 더 이로운 방법을 제시하는 것이 저의 일이니까요.

  통상 하루에 한 개에서 두 개 정도의 주문만 합니다. 이조차도 실현시키기 어렵기 때문에 이 이상의 주문을 한다는 건 자의적으로나 타의적으로나 불가능해요. 하나의 주문을 익히기 위해서는 짧게는 일주일에서 길게는 몇 개월까지도 걸려서 여러 가지 주문을 던진다는 것은 가혹한 코칭이 되는 것이지요. 뭘 배우든 비슷하겠지만 재밌는 건 주문받은 학생들의 태도에요. 확실한 교정을 하기 위해선 새로운 시도를 통한 변화에 집중해야 하는데 계속해서 전에 갖고 있던 습관을 꺼내온다는 겁니다.

레슨이 끝나갈 무렵, 저는 학생분께 질문을 해요. 오늘 레슨 중에 단순히 공을 잘 치기 위한 노력이 아닌 제가 준 과제를 시행하고자 한 건 몇 퍼센트 정도 되는지요. 십중팔구는 제가 한 주문을 아예 생각 자체를 하지 못했다고 해요. 다시, 왜 주문을 의식하지 못 했냐고 물어보면 안 될 것 같았다고 대답합니다. 본인이 생각했을 때 익숙했던 습관을 버리고 새로운 주문을 적용하면 전보다 더 보잘것없는 샷이 나올 것을 예상한 것이죠.

초등학교 저학년, 그러니까 열 살 미만의 학생들과 그보다 나이가 많은 사람들의 성장 속도는 현저하게 다릅니다. 어린 친구들이 월등히 빨라요. 신체 능력은 떨어질지언정 가르쳐 주는 것을 순수하고 올곧게 받아들이거든요. 그 말은 즉 어린 친구들은 스스로 잘하는 것과 못 하는 것을 구분 짓지 않고 일러주는 대로, 일단 하고 본다는 겁니다. 시도하기에 앞서 이 시도의 가능성에 대해 일절 생각하질 않으니 그냥 돼버리는 거예요. 뭘 배우든 어릴 때 배워야 한다는 말의 핵심은 아마도 이 때문일 겁니다.

안 될 것 같아, 못 할 것 같아, 이럴 것 같아, 저럴 것 같아 등 추측성 계산에서 벗어나지 못하면 지금의 나보다 발전된 나는 없을 거예요. 첫술에 배부를 수 없다는 말처럼 해보지 않은 것을 한 번에 잘하기란 어려운 일이니까요. 부디 한 번에 잘하길, 혹은 한 번에 해낼 수 있을 거란 가능성에 치우쳐있기보단 시행과 착오에 익숙해지는 것. 내가 마주하고 있는 게 무엇이든 더 나은 내가 되기 위해선 일단 부딪혀보는 것. 모자란 것은 무엇이고 개선할 것은 무엇인지 찾아보는 태도가 우선시 되어야 발전을 앞당길 수 있을 거라 생각합니다.

코치가 된 뒤로 삼 년 동안은 어떻게 해야 학생들의 실력을 빨리 향상시킬 수 있을까에 대한 직선적인 생각만 했다면, 그 뒤로는 십일 년 현역 선수 시절 동안 내가 어떻게 운동을 해왔는지를 생각하게 되네요. 한참을 고민해도 특별한 건 없었어요. 저도 여느 아이들처럼 '그냥' 한 게 전부였으니까요. 학생분들과 이런 이야기를 나누다 보면 항상 물어오는 말이 있습니다. 행동하기에 앞서 계산하는 본인들이 한심하냐는 거예요. 저는 매번 같은 말로 대답하죠. 계산할 줄 모르던 어린 시절엔 그냥 할 수 있는 일을, 이젠 용기를 가져야만 할 수 있게 된 게 서글프다고요.

변하는 것

　　사랑이란 결국 변하는 것이겠지요. 진득한 친구에서 애틋한 연인으로 바뀌는 관계와 둘도 없는 연인에서 증오와 경멸의 대상으로 변질하는 관계를 보면 그런 생각이 들어요. 한 번은, 변했으니 그것은 애초에 사랑이 아니었다는 말을 들은 적이 있어요. 그렇지만 사랑이라는 감정이 가슴에 새겨지기 전까지는 전적으로 상대방의 몫이 크다는 흔한 전제를 놓고 보면, 그 마음을 품게 한 대상의 태도가 달라졌을 때 감정 또한 자연스레 변할 수 있는 게 아닐까 싶습니다.

　　사랑합니다. 감히 어디에도 비할 바 없이 당신을 사랑해요. 하늘이 무너진다면 당신을 감싸 안아 흩뿌려지는 파편으로부터 구해낼 것이고, 방파제를 넘어 바닷물이 범람

한다면 당신에게 입을 맞추어 내 호흡을 빼주는 일에만 전념할 거예요. 다채로운 사랑을 안겨줄 겁니다. 두려워하지 않고 나를 내던질 거예요. 그러니 우리, 이 마음이 영원할 거라는 생각을 하지 않기로 해요. 몸과 마음을 주고 시간과 에너지를 허용하는 것을 당연하게 생각하지 않기로 해요. 이해와 포용, 양보와 인내가 계속될 거라는 안일한 생각은 하지 않는 걸로 해요. 어제를 살아냈다고 오늘도 살아낼 보장은 어디에도 없듯, 어제 주고받던 밀어를 오늘도 서로에게 건넬 수 있길 간절히 바라기로 해요.

뻔하고 뻔한 사랑과 이별 이야기가 꾸준히 세상을 맴돌아요. 남남으로만 살 줄 알았던 사람들이 만나 평생을 알아갈 것처럼 굴고, 헤어질 땐 평생 잊을 수 없을 것처럼 아파하다가 시간이 지나면 다 잊혀진다는 거. 사랑하는 사람이 사랑했던 사람으로 되는 게 얼마나 빈번한 일인지. 우리 잘 알잖아요.

물건은 새 것,
사람은 헌 것이 좋다던데

 십수 년을 알고 지낸 초등학교 때 친구와 터무니없이 사소한 다툼으로 절교를 했다. 함께 보내는 세월이 길어질수록 관계가 틀어지는 게 두려워 긴 시간 동안 공을 들였지만, 인연의 실이 끊어지는 것은 순식간이었다.

여행 중 게스트하우스에서 잠깐 마주친 사람과 어쩌다 보니 절교한 친구보다도 훨씬 더 밀도 높은 관계가 됐다. 내일이면 안 볼 줄 알았던 사람이라 튼튼한 관계를 만들기 위해 큰 노력을 들이지 않았음에도 어느새 가족과도 같은 관계가 되어버렸다. 초등학교 친구와의 절교는 긴 시간을 함께 보내온 것에 비해 간략해서 허탈했다. 게스트하우스에서 맺어진 인연 역시 너무 순탄하게 깊어져서 허무했다.

관계를 시간에 종속 시켜 생각했던 탓에 초등학교 때 친구와의 절교는 질겨야 했고 하루짜리 일줄 알았던 사람과의 돈독한 인연은 이상한 일이라 생각했던 것 같다.

   관계란 단지 알고 지낸 시간만으로 점칠 수 있을 만큼 단순한 것이 아닌 것. 해서, 내가 조금 더 커서 인생을 논하는 게 어울리는 때가 온다면, 웬만해선 관계라는 것을 시간의 범위에서 배제하고 어느 때에도 마음을 다했으면 좋겠다고 말할 수 있는 어른이고 싶다.

좋아진 게 좋은 걸까

　세상이 좋아져도 너무 좋아진 탓에 요즘 웬만한 건 휴대전화로 다 해결이 가능하다. 장소에 구애받지 않고 보편화된 연락망의 혁명은 이미 오래전 일이고 사진과 게임, 영화 시청과 은행 업무까지도 휴대전화 하나면 해결할 수 있다. 우리는 불가능할 거라 생각했던 많은 일을 고작 손바닥만 한 전자 기계 하나로 처리할 수 있게 된 시대에 태어나 많은 편의를 누리며 산다.

　작년 봄. 그러니까 나의 생일 언저리엔 가까운 지인들로부터 많은 모바일 쿠폰을 선물 받았다. 이 또한 휴대전화로 누릴 수 있는 편의성인 것이었다. 거리가 멀거나 시간이 맞지 않아 얼굴을 볼 수 없는 상황을 달래줄 수 있는 기특한 시스템이니, 주는 사람은 주는 사람대로 받는 사람은 받는 사람대로 뿌듯하고 흡족한 셈이다. 그러나 생일이 지난 다음 날. 내게 남은 것은 모바일 쿠폰뿐이라는 사실에 수심 깊은 쓸쓸함을 유영해야 했다. 몇 해 전만 해도 친구들과는 생일이 지나기 전에 꼭 봐야 한다며 유난을 떨곤 했다. 생일을 축하해주기 전엔 손수 고른 선물이 그의 마음에 들지 애를 태우고 포장은 어떻게 할지 골머리를 썩이는 게 하나의 과정이었다. 글씨가 마음에 들지 않아 몇 번이나 쓰고 버리던 편지가 산을 이루고 선물을 전달하는 그 순간까지 근사함을 잃지 않으려는 모습까지가 모두 선물이었는데 이젠 선물만 달랑 전해지는 거다. 휴대전화엔 수십 개의 쿠폰이 쌓였지만 난감한 고민도 없고 진한 추억도 없는 선물이라는 게 마음을 더욱 허하게 한다.

먹고 살기 바빠 지척에 살아도 보지 못하는 사람이 늘어나고 있다. 멀리 떨어져 사는 바람에 한 번 만나려면 아예 이틀 정도의 시간을 내어야 하는 관계도 늘어간다. 이들을 생각하면 영상통화나 모바일 쿠폰으로라도 성의를 전할 수 있다는 게 다행스럽지만, 한편으론 다행스러운 걸로 만족하는 세상이 도래한 것이 개탄스럽기도 하다.

언젠가 아날로그만 존재하던 때엔 불편함을 모르다가 디지털의 등장으로 아날로그가 불편해진 것이라는 생각을 하곤 했다. 편의성에 물들어 우리는 자연스레 노력과 마음을 한 줌씩 더 보태지 못하게 되는 것 같다. 몇 해 전 너도 나도 유난스럽던 몸짓들이 참 애틋하고 그립다.

어려운 길

 어느 평일. 오전을 통째로 잠으로 치장하고 해가 중천일 때 겨우 잠에서 깼는데 내게 주말에 테니스 수업을 듣는 학생으로부터 연락이 와 있었다. 아직 눈도 제대로 못 떴는데 주말 학생에게 웬 연락인가 싶어서 메시지를 확인해보니 코치님은 연애를 잘하냐는 내용이다. 예상치도 못한 연락에 자초지종을 들어보니 애인 있는 남자를 좋아하고 있다고 한다. 이미 좋아한 지도 오래됐다고. 아이고, 두야. 좋아하는 사람이 생겨도 하필 짝이 있는 사람을 좋아하게 됐다니.

 연애 상담 비용은 레슨비와 별개로 추가로 받는다는 농담을 하며 이야기를 끝까지 들었다. 그리곤 이번 주말은 그 남자를 보러 가야겠으니 레슨에 참속할 수 없겠단다.

예예, 그러시죠. 어차피 당신만 손해니까요. 그렇지만 무거운 고민을 털어 놓아준 데에 대한 예의를 보이지 못한 것 같아 몇 마디를 얹었다. 역시나 눈도 제대로 못 뜬 채로. 사람이 사람을 좋아하는 데에 뭐 얼마나 큰일이 벌어져야 하거니와 좋아하는 게 무슨 죄가 되겠느냐만, 골키퍼가 있는데 골을 넣으려는 건 축구장에서나 하는 것이 아니겠습니까. 우리는 아무리 그러지 않기로 노력하며 살아도 때론 의도치 않게 혹은 은근한 고의로도 비양심적이고 비도의적으로 살기 마련일 겁니다. 그러니 적어도 내가 똑같이 당해서 마음 아파할 일이라면, 그리고 그것을 미리 예견할 수 있다면 그로부터 회피할 수 있도록 노력해보는 게 어떻겠습니까.

나는 대화를 끝마치고도 한동안 혼란스러웠다. 학생에게 말해준 것과 반대로 싫어하는 것을 참는 것보다 좋아하는 것을 참는 게 더 어려운 일이라는 것도 잘 알고 있으니까. 관심을 꺼도 될 때가 됐는데도 학생의 이야기에 과몰입한 탓에 좀처럼 그의 이야기로부터 벗어나지 못하고 있었다. 그저 누구도 상처받지 않았으면 좋겠다는 생각뿐이었다. 학생은 미리 일러둔 대로 그 주에 수업을 나오지 않았다.

가을, 바람

　왜일까. 광폭한 더위가 물러나고 비로소 찬바람이 목덜미를 감싸게 되면 광활한 우주엔 나 홀로 둥둥 떠 있는 공허한 기분에 몸서리를 친다. 매년 이맘때면 찾아오는 계절성 우울증에 나를 포함한 몇몇 내 주변 사람들은, 쓸쓸함으로부터 요동치는 마음을 추스르기 바쁘다. 그럴 때면 서둘러 뭘 하려고 하지 않아도 되는 사람을 찾곤 한다. 침묵을 편안하게 나눌 수 있는 사람만이 나의 안온한 하루를 지켜준다고 믿기 때문이다. 하품을 지루함의 징표로 받아들이지 않고 풀린 눈이 피로의 잔여물이라고 짐작하지 않는 사람들이 안정감 주기 때문이다. 함께 있기에 외로움을 느끼지 않되, 자유로운 사색을 허락하는 사람. 나는 해를 거듭할수록 그런 사람들이 늘어나길 간절히 바란다.

지나갔기에 아름다운 것

그때의 그 느낌을 아직도 선명하게 기억하고 있어요. 천국의 문을 마음대로 여닫을 수 있는 능력을 갖추게 된 것 같기도 하고 겨울인데 형형색색의 꽃밭에 누워 있는 것 같은 느낌. 산을 올랐지만 끝없는 수평선이 보이고 바닷가에선 울창한 숲이 뿜어내는 피톤치드가 느껴지는 느낌. 오감을 넘어 낯선 감각을 가진 것 같기도 하고, 새로운 세상이 개막한 것 같은 믿을 수 없는 느낌. 영락없이 사랑이었습니다. 다만 다시 돌아가고 싶냐는 물음에는 그렇지 않다고 말하고 싶어요. 지나갔기에 아름다운 것이 사랑이고 인간은 추억을 뜯어 먹으며 배를 불리는 동물이니까요. 이미 빛나는 추억인데 욕심을 갖고 더 치장하려 하진 않을래요. 야생화가 아름다움을 잃는 순간은 야생을 벗어나 사람 손에 쥐이는 순간이듯, 우리의 기억 역시 남아 있는 데까지만 머물러 있는 게 가장 아름다울 거라 믿습니다.

부디 각자의 자리에서, 새로운 꽃이 피어나길.

어른은 어떻게 되는 걸까요

한 해를 넘긴다고 어른이 되는 게 아니라 한숨이 잦아지면 어른이 되는 것 같다. 주름살이 늘어난다고 어른이 되는 게 아니라 기댈 곳이 줄어들면서 어른이 되는 것 같다. 아는 것이 많아진다고 어른이 되는 게 아니라 아는 것을 모르는 척할 수 있어야 어른이 되는 것 같다. 입력이 많이 되었다고 어른이 되는 게 아니라 출력하지 않을 힘을 가질 수 있어야 어른이 되는 것 같다. 가진 것이 많다고 어른이 되는 게 아니라 내려놓는 방법을 알게 되면서 어른이 되는 것 같다. 어른이 되는 것은 어쩌면 나이와는 큰 연관이 없는 걸 수도 있겠다.

일방통행 혹은 과속

 한 번은 제멋대로 친해지려는 사람 때문에 무척 난감했던 적이 있다. 그는 얼굴 한 번 봤다고 두 번째 만남부터는 제멋대로 말을 놓더니 거리낌 없이 스킨십을 하기도 했다. 보기 싫다고 안 볼 수 있는 관계가 아니었기 때문에 몇 번을 더 만나야 했다. 그는 여전히 제 방식대로 밀고 들어왔다. 나는 아직 그와 친해지려면 몇 가지의 과정이 더 남았지만 이에 문제를 제기했다가 서로 민망한 상황만 만들어질 것 같아 일단은 조금 더 지켜봤다. 그런데 그의 그다음 태도가 가관이었다.

 "석환 씨는 나랑 친해지기 싫어? 나는 석환 씨랑 친해지고 싶어서 이렇게 노력하는데 계속 수동적이면 곤란하지. 내가 노력하는 건 생각 안 할 거야?"

서운하단 말이 꼬리의 꼬리를 문다. 처음에는 서운하단 듯 말을 하더니 어느 순간부턴 따지는 것처럼 들리기도 했다. 더 들어주기 어려울 것 같아서 나도 한 마디 해버렸다.

　"친해지려고 노력 안 하셔도 돼요. 그냥 앞으로는 저를 불편하게 생각해주세요."

　일순간 정적이 흘렀고 관계는 끝났다.

　나는 사람을 좋아한다. 많은 사람과 편안한 관계가 되기 위해 노력을 아끼지 않는다. 다만 무례한 사람에게까지 편한 사람이 되고 싶은 마음은 없다. 모두가 다 같은 방식으로 친해질 거라는 생각으로 자신의 방식을 남에게 적용하고 강요하며 타박하는 사람은 예의가 없는 거다. 때론 편안한 사이가 되고 싶다며 사람을 편리하게 굴려 먹으려는 이들을 마주하게 된다. 앞으로는 그런 약아빠진 본새를 가진 사람을 보면 아주 조금만 참아주기로 했다. 친해지고 싶은 대상이 무엇을 좋아하고 무엇을 싫어하는지부터 들여다보지 않는 사람과는 도무지 결이 맞지 않기 때문이다.

어딘가로 보내고 싶었던
3월의 편지

　　　어쩌다 보니 일 년 삼 개월을 비노동자로 살아버렸어. 확실한 건 아니지만 다음 주 월요일부터 새 직장으로 출근을 하게 될 것 같아. 통장이 빈곤해진 탓이지. 회사에서는 면접 때 날 좋게 봐주셨는지 바로 같이 일하자고 하네. 굉장히 좋은 회사였던지라 나 같은 건 쳐다도 안 볼 줄 알았는데 일이 잘 풀렸어. 그렇지만 찜찜한 기쁨이야. 올해 9월엔 답답한 서울로부터 떨어져 나와 한 달 정도 한적한 바다 앞 시골 마을에서 살아 볼 계획이었는데 얼떨결에 취직하는 바람에 계획이 무산될 것 같거든.

　인생 전체를 놓고 봤을 때 좋은 직장과 고작 한 달짜리 여행을 비교 선상에 올려두는 게 가당치 않다고 생각할 수 있겠지만, 나는 당장이고 내일 죽을 수도 있단 생각으로 삶을 살잖아. 그 때문에 내 인생에 어울리는 색깔이 뭘지 고민해서 안정적인 색 배합을 꾀하기보단 끌리는 색이 있으면 그때그때 제멋대로 칠하고 싶어지는 거야. 한 달짜리 여행은 내가 처음으로 버킷리스트라는 것을 만들게 한 사건이었어. 앞서 말했듯 나는 당장 내일 죽을 수도 있단 생각으로 살고 있으니 이 계획은 내 인생에 처음이자 마지막 버킷리스트가 될 수도 있다는 거지.

안타깝게도 시골살이는 아마 못 하게 될 거야. 그래서 아쉬운 대로 오늘 급하게 속초로 떠나왔어. 다음 주부터 쉬는 날 없이 일주일 내내 일을 하게 되면 수도권 근교로 바람 쐬러 나가는 것조차도 버거운 일이 될 테니 말이야. 무겁고 착잡한 마음을 바다에서 털고 싶은 거지. 드넓은 바다 앞에 앉아 탁 트인 전경을 보고 있으면 무겁던 마음이 가벼워져. 마음에 가라앉아 있던 것들이 비워지고 새 공간이 생기는 게 느껴져. 그동안 나는 조금 더 나은 사람이 되기 위해 내 안에 자꾸만 뭘 채워 넣기 급급했는데 비워지지 않으면 새로운 것을 담을 수 없다는 걸 새삼 다시 알게 돼.

*

오늘은 수평선이 코앞에 있다. 탁 트인 푸른 동해 바다를 앞에 뒀지만 어디선가 거세게 불어온 미세먼지 때문에 저 멀리 있어야 할 수평선이 가까이 보이는 거야. 근사한 바다를 보지 못해서 내 마음이 더 무거워졌을까? 그렇지 않아. 비록 물살을 가르는 어선마저 희미하게 보일 정도로 가시거리가 짧지만 이미 지긋한 서울로부터 벗어난 것만으로도 환기가 됐거든.

맑은 바다는 다음에 보기로 하고 민가를 돌아다니면서 만개한 목련을 봤어. 매해 봄마다 피는 목련이지만 시린 겨울을 이겨내고 어김없이 피어난 목련은 매번 경이롭게 느껴지곤 해. 때가 되어 잎이 떨어지면 왠지 다시는 피지 못 할 수도 있겠다는 생각이 들었거든. 봄을 지나고 있는 지금. 서울과 강원도의 기온에는 큰 차이가 없지만, 서울서 보지 못한 목련 잎이 어째서 이곳엔 가지에 함박눈이 쌓인 것처럼 목련 잎들이 수북할까. 버스로 두 시간 반 거리라면 그리 멀리 떨어져 있는 건 아닐 텐데 강원도만 목련이 만개했다니 믿을 수 없는 거야.

여행이란 역시 내게 새로운 것을 안겨주는 것일까? 혹시나 하는 마음으로 인터넷 검색을 해보니 이미 서울 곳곳에도 목련이 꽃망울을 터뜨렸다는 기사가 있었어. 그제야 알았지. 그동안 일상이 지루하고 시시하게 느껴졌던 이유와 발을 딛고 있는 곳에서부터 멀리 떠나고 싶은 충동이 밀려왔던 이유는, 새로운 공간에서만 새로운 에너지를 얻을 수 있는 것이라는 강박 때문이라는 것을. 감긴 눈과 닫힌 귀로 인해 얼마든지 새로울 수 있는 일상을 시시하게 만들고 있었다는 것을 말이야. 물론 여행은 그 단어만으로도 지친 일상에 에너지를 불어넣어 주지만 내 말은 꼭 떠나야만 한다는 건 아니라는 거지.

끊임없이 끓어오르는 내 도피 본능의 문제를 목련과 함께 직면하게 됐어. 어쩌면 나는 익숙한 공간이 익숙한 공간이라는 이유로 장님과 귀머거리를 자처하며 살았던 걸 수도 있겠다는 생각도 들었어. 내가 있는 곳도 누군가에겐 떠나오고 싶어 하는 곳이라는 것을 익숙함에 무뎌져 잊고 있었던 거였지. 출퇴근길, 식당, 카페, 술집, 친구를 만나러 가는 길과 미팅하러 가는 길 모두 익숙한 방식과 감정으로 대해서 일상이 시시하게 느껴졌던 거야.

소중한 것에 익숙해지는 것은 무서운 일이고, 익숙한 것에 계속 익숙해져 있다는 것은 끔찍한 일인 것 같아. 내가 어떤 상태인지 전혀 모른다는 거잖아. 나태하고 게을러지며 끝내 그렇게 도태된다면 꽤 심심한 서사로 만들어진 인생이겠다. 한 번쯤은 내가 익숙해져 있는 게 무엇인지 객관적인 눈으로 나를 들여다보는 게 좋을 것 같다는 생각이 들어. 습관적으로 다리를 꼰다는 걸 알아야 척추와 골반이 틀어진 데에 대한 원인을 알 수 있으니 말이야.

나는 이곳에서 생각을 조금 고쳐서 돌아가려고 해. 늘 지내던 곳으로부터 떨어져 나와 새로운 환경과 공기를 탐닉하는 것도 좋지만, 현재 있는 곳으로부터도 얼마든지 낭만적이고 재미난 일들을 찾아낼 수 있는 것이라고. 시시한 일을 흥미로운 일로 만드는 것은 어디까지나 그 일을 대하는 나의 태도에 달렸다는 것을 알겠어. 바다를 보며 마음을 비우는 것도 좋지만 그게 전부가 아니라는 것을 오늘 배운 것 같아.

눈치껏 해야지

 어려서부터 눈치껏 행동하라는 말을 많이 들었다. 코트 위에서는 실력, 코트 밖에서는 눈치가 빨라야 살아남을 수 있는 게 운동선수의 세계인지라 그런 것 같다. 선배나 어른들이 말하는 눈치라는 것이 도통 무엇을 이르는 말인 줄은 모르겠으나 나는 곧 설명할 수 없는 무언가대로 행동하기 시작했다. 습관은 생각보다 금방 만들어졌다. 뭐든 조기교육이 중요한 거라고, 9살 때부터 눈칫밥을 먹고 살았으니 중고등 학생 시절엔 운동선수가 아닌 친구들보다 상황 파악을 잘하는 편이었다. 다른 친구들에 비해 눈치 없단 말은 듣지 않았다는 사실을 적당한 근거라고 해도 될지는 모르겠지만 아무튼 그런 사유로 욕을 먹는 일은 없었다. 친구들과 달리 나에게는 말을 덧붙여야 할 때와 말을 삼켜야 할 때라던가 나서야 할 때와 참고 있어야 할 때를 가리는 것은 어려운 일이 아니었다. 껴야 할 때와 빠져야 할 때의 갈림길에서 난 줄곧 적절한 정답을 잘 찾아내곤 했다.

눈치껏 성인이 된 나는 식당에서 반찬을 더 시키려다 주인아주머니께 민폐일 것 같아서 참았다. 전시회에서 작품 설명을 청하려다 왠지 도슨트분께 일을 시키는 것 같아서 질문을 말았다. 여행지에서 만난 할아버지와 말동무가 되어보고 싶었지만 귀찮아하실까 봐 말을 걸지 않았다. 이를 본 주변 사람들은 너무 소심하다고도 하고 남의 시선을 과하게 의식한다고도 말한다. 나는 그저 어릴 때 배운 대로 눈치껏 행동한 것뿐이었는데.

돌이켜보면 눈치껏 행동해야 할 때라고 느끼는 순간 나는 십중팔구 사리는 것을 정답이라고 적어냈다. 그때부터 '눈치껏'이라는 행위가 본래 의미와는 다르게 작동하고 있었다. 눈치라는 건 그때그때 발휘해야 하는 행동 억제 혹은 촉진 같은 임기응변인 것인데, 언제부턴가 무조건 사려야 하고 참아야 한다는 강박으로 자리 잡았다. 이는 어려서부터 들어왔던 눈치껏 행동하라는 말의 뜻은 태반이 꾸중이었던 탓이다. 질타와 오답으로부터 회피하기 위해서는 빠르게 내 뜻을 접어야 했다. 나서는 것보다 가만히 있는 게 누군가의 눈엣가시는 면하는 셈이고 그게 곧 중간은 가는 것이기 때문이다. 나도 모르던 새에 눈치껏 하는 행동이란 득을 꾀하는 것이 아닌 실을 면하기 위한 방어기제였던 것이었다.

어젠 친한 선배로부터 연락이 왔다. 애인이 단단히 삐쳐서 화가 풀릴 때까지 잠자코 있었는데 애인이 말하기를, 어떻게 화를 풀어주려고 노력은 하지 않고 가만히 있을 수 있냐며 이런 건 눈치껏 해야 하는 게 아니냐고 어쩜 이리 센스가 없냐고 더 큰 화를 냈다는 것이다. 정말 애석한 건 그 뒤에 이어진 선배의 말이었다.

"전에 만나던 사람한테는 화났을 때 재롱떨면서 풀어주려 했다가 가라앉을 때까지 기다리지 못했다고 눈치 없단 말을 들었단 말이야."

눈치라는 것은 매 순간 사리기만 하는 게 아니었다. 한 가지 상황에 교육이 되었다 하더라도 대면하고 있는 이가 누군지에 따라서도 잘한 행동일 수도, 쓸모없는 행동일 수도 있는 것이기도 했다. 상황과 사람을 100%의 확률로 관통하는 높은 관찰력과 그 확률에 상응하는 임기응변술을 섞어 놓은 능력. 하찮은 인간 따위가 쉽게 손에 쥘 수 없는 초능력 같은 것. 그게 눈치였다. 매번 눈치만 보고 뜻을 펴지 못하는 게 습관이 된 나와 여전히 이러지도 저러지도 못하는 선배가 안타까웠다. 우리는 전화기가 뚫리도록 한숨만 주고받았다.

사계절

 뙤약볕이 작렬이다. 덥든지 습하든지 하나만 하라고 어딘가에 따지고 싶지만 도무지 손 쓸 수 없는 게 날씨다. 이런 날 외출할 일이 생기면 약속 관념에 투철한 나라도 모든 약속을 독단적으로 취소하고 싶은 충동이 든다.

 외출 준비 전, 혹시나 하는 마음으로 5분마다 일기예보를 들여다본다. 조금 전보다 온도와 습도가 내려가진 않았을까 하는 기대를 하는 거다. 꽝 된 복권을 계속 들여다본다고 해서 숫자가 바뀌지 않듯 날씨는 요지부동이다. 이렇게 꾸물대다가는 약속 시간에 늦고 말 것 같은 불안감이 들면 그제야 냉수 샤워를 한다. 대충 머리를 말리고 전신 거울 앞에 서서 로션과 선크림을 꼼꼼히 바른다. 어떤 옷을 입어야 시원할까 한참을 고민하며 오랜 시간 옷장 탐험을 끝내고 가장 얇고 가벼운 옷을 꺼내 입고 집을 나선다. 그리곤 팬티마저 싹 벗고 돌아다녀도 더웠을 날씨에 혀를 내두른다. 어쩌면 한여름의 바깥에서 시원할 궁리를 한 내가 바보가 아닐까 싶다.

 대화로 살살 구슬릴 수도 없고 버럭 화를 낼 수도 없고 민원을 걸 수도 없고 법적 소송을 걸 수도 없는 날씨. 내가 아무리 부와 명예, 권력을 거머쥔다고 해도 이놈의 날씨에는 무조건 굴복해야 한다는 생각에 삶이 허탈해진다. 이미 닥친 여름이야 그렇다고 치자. 곧 다가올 겨울은 어쩌면 좋을까. 초등학교 저학년 때 우리나라는 아름다운 사계절을 가진 나라라고 배웠는데, 아니 전혀요.

'행복'하면 떠오르는 기억들

1. 가끔은 단어를 사전적 정의와 다르게 사용할 때가 있다. 그럴 때면 깊은 부끄러움에 온몸을 박박 긁고 싶어진다. 그중에서도 '행복'이라는 단어 앞에서는 창피함을 넘어 죄책감을 느껴야 했다. 잘못 써도 보통 잘못 쓴 게 아닌 정도라는 거다.

2. 어학 사전을 찾아보면 행복이란 '복된 좋은 운수' 혹은 '생활에서 충분한 만족감과 기쁨을 느끼어 흐뭇한 상태'라고 나온다. 평소에 생각하고 있던 의미보다 다소 가벼워서 적잖은 충격을 받았다. 굉장히 주관적인 거구나. 이정도 의미였으면 그동안 나도 행복하단 말을 꽤 많이 했을 수도 있었던 거였네. 나는 '행복감'도 정답이랄 게 없는 하나의 감정이라는 것을 새삼 다시 알게 됐다.

3. 어렸을 때 나는 짜증난다는 말을 입에 달고 살았다. 별 일이 아닌데도 습관처럼 튀어나왔던 말이다. 5학년 때 담임선생님께서는 이런 내게 짜증난다고 하면 그 말을 듣는 사람들도 같이 짜증나는 거라고 했다. 말에는 그만큼 큰 힘이 있는 것이니 이왕이면 좋은 말을 나누라고 가르쳐주셨다. 듣고 보니 그랬다. 사람이 풍기는 기운이라는 것은 생각보다 쉽게 전달된다는 것을, 나는 가족들과 운동부 생활로부터 잘 배웠으니까. 문득 내게서 뱉어지는 행복하다는 말을 목빠지게 기다렸던 사람들이 떠올랐다. 그들은 내가 빈말로라도 행복하다고 하면 나보다 더 행복해할 사람들이었다.

4. 이제와 내 곁에 없는 그들에게 어떤 변명을 해야 할지 모르겠다. 행복은 사랑처럼 쉽게 찾아오는 것도 아니고 길바닥에 나뒹구는 담배꽁초처럼 흔히 눈에 띄는 게 아니기에 아꼈다고 해야 할까. 아니면 그토록 쉽게 누릴 수 있는 거였다면 기쁨과 행복의 단어가 나뉘어 있을 이유가 없지 않느냐고 해야 할까. 나는 미안한 마음에 괜히 버럭 소리치고 싶은 못된 심보를 꾹꾹 눌러 참아야 했다.

5. 소확행이라는 신조어가 있다. 소소하지만 확실한 행복이라는 뜻이다. 내가 무얼 좋아하는지 나 자신에게 먼저 귀를 기울이고 그걸 실행에 옮겨 스스로 만족하는 것. 그 말을 듣고 내가 행복할 수 있는 건 뭐가 있을지

깊이 고민해봤다. 그러나 당최 떠오르는 게 없었다. 사실 '이렇게 사소한 걸로 행복할 수는 없지.' '이건 그냥 행복하다는 말을 하고 싶어서 목표치를 낮추고 정신 승리 하는 거 밖에 안 되잖아.' 하는 마음이 더 크게 들었던 탓이기도 한 것 같다. 그래서 자신이 행복할 수 있는 확실한 장치와 루틴을 설계해서 스스로 행복을 좇을 수 있다고 말하는 사람들이 매우 부러웠고 대단하게 느껴졌다.

6. 아직도 행복이 멀게만 느껴진다. 좀처럼 쉽게 행복하다고 말할 수 없는 나는, 어쩌면 행복하다고 느낄 수 있는 것도 하나의 능력이 아닐까 하는 생각이 든다.

답답해

　누구나 한 번쯤 마음을 꺼내서 보여주고 싶을 때가 있지 않을까 싶다. 가령 누군가에게 엄청나게 큰 오해를 샀을 때라던가 누군가를 엄청나게 사랑할 때.

우는 게 창피하진 않지만
그만 울고 싶다

　　먹고살기 바빠 몇 없는 친구들을 간나는 것도 쉽지 않다. 어느새 나이가 차서 결혼 준비하는 녀석들까지 생기다 보니 만남은 하늘의 별을 따는 것만큼 어려워진 거다. 그런 친구들을 최근에 운 좋게도 모두 한 번씩 보게 되었다. 오랜만에 만나는 자리에 나는 좋지 않은 소식을 들고 갔다. 그들의 표정은 제각기 다르게 굳었다. 괜히 말한 걸까. 중요한 이야기라 말을 안 하면 서운해할 것 같아서 한 말이었는데 결과적으로는 좋은 에너지를 전한 게 아니었으니 미안한 마음이 들었다. 이렇듯 배려를 하려다가 배려가 아니게 되는 것들에 대해서 자주 고민한다. 우리가 좋은 소식만 주고받을 수 있으면 얼마나 좋겠어. 그들이 나를 위로한 말처럼, 이게 인생인가 싶었다.

항상 술을 애매하게 먹고 끝내는 친구와 또 술을 애매하게 먹었고 헤어졌다. 이대로 집에 가는 게 싫어서 근처 눈에 띄는 술집으로 혼자 2차를 갔다. 다 먹고 나온 뒤에는 어딘가 허전해서 친구와 통화를 했다. 그러면서 동네 단골 술집으로 3차를 갔다. 소음 가득한 술집에서 귀에 전화기를 박은 채로 두 시간 가까이 통화를 했다. 술을 얼마나 마신 건진 모르겠고 대화가 빽빽했던 것만 기억에 남는다. 다 먹고 나와 주전부리를 사서 집으로 향했다. 긴 골목길을 걸으며 아버지에게 전화를 걸었다. 늦은 시간만큼 길게 늘어지는 통화음. 부스스한 목소리를 듣자마자 눈물이 차올랐다. 투병 중인 그의 목소리를 앞으로 얼마나 더 들을수 있을지 모를 불안함과 아직까진 살아계신다는 안심이 뒤섞였기 때문이다. 꼭 그게 아니어도 아버지란 목소리만으로도 묵직한 울림을 주는 사람이니까. 나는 우는 걸 들킬까봐 얼른 사랑한다고 하고 전화를 끊었다. 그리곤 곧바로 다른 사람에게 전화해서 그 눈물을 쏟아냈다. 울면서 코를 얼마나 먹었는지 머리가 띵하고 광대가 얼얼했다. 수화기 너머의 그도 함께 울었던 것 같다.

요즘 울 일이 많냐고 누가 물었다. 나는 내가 언제 울었냐고 되물었다. 울었다는 것도 누가 알려주지 않으면 기억해낼 수 없는 날들을 사는 거다. 어떻게 그럴 수 있을까. 이해할 수 있는 일보다 이해할 수 없는 일들만 펼쳐지는 것 같았다. 왠지 삶을 거꾸로 사는 것 같다.

웨이팅

　　나이 먹고 엄마랑 싸운 적이 딱 한 번 있는데 그 이유가 식당에서 웨이팅을 하느냐 마느냐 때문이었다. 더운 여름날 짬뽕집 앞에 서서 엄마는 기다렸다 먹자, 나는 다른 걸 먹자로 오래도록 줄다리기를 했다. 얼마나 오래 싸웠냐면 기다랗던 줄이 모두 사라져 우리가 자연스레 입장할 정도였다. 그 이후로도 나는 식당이나 카페 앞에서 줄을 서본 적이 없다. 그렇지만 수년 전 또약볕 아래에서 엄마와 나의 팽팽한 고집 싸움이 귀여워서 여름이 지나기 전엔 꼭 한 번씩 기억을 더듬어보곤 한다. 나는 여전히 아무리 엄마가 먹고 싶은 게 있다고 할지라도 줄을 서야 하는 거라면 거절할 거지만, 이젠 엄마도 노쇠해서 전처럼 고집을 부리지 못한다.

　나는 고집 센 어른이 되었고 엄마는 늙었다.

흩어지는 것

　　허공으로 솟는 폭죽의 불꽃, 한겨울의 입김, 내뿜는 담배 연기, 만개한 벚꽃, 흩날리는 민들레 꽃씨, 산 정상에서 외치는 메아리, 동해 바다의 파도, 운해를 이루던 안개, 웅덩이에 떨어진 빗방울이 만들어낸 물의 파장, 사랑하던 우리.

'~것 같다'

　　'~것 같다'는 식의 넘겨짚기가 우리를 집어삼키지 않았다면 우리는 지금보다 더 자유로울지도 모른다. 무표정으로 있을 때 기분이 안 좋냐 거나 화났냐는 물음을 피할 수 있었을지도 모르고 성공과 실패를 가늠하지 않은 채로 새로운 도전을 할 수 있었을 것이며 자연스레 오해와 편견을 낳지 않을 수도 있다.

　우리는 알게 모르게 내 생각과 경험, 직감과 촉, 상처와 트라우마로 타인과 상황을 자주 재단한다. 확실치 않은 것들을 내 마음대로 넘겨짚으며 수많은 오류와 마찰 낳는다. 제멋대로 넘겨짚지 않으면 오해와 상처로부터 모두를 구할 수 있다. 관계와 상황을 어지럽히는 불화의 씨앗은 경계해야 할 것을 경계하지 못한 부주의함으로부터 싹트곤 하는 것이다.

고장난 냉장고

냉장고에서 소음이라고 해도 무방한 소리가 나기 시작했다. 주방 문을 닫으면 소리가 잘 들리지 않아 대수롭지 않게 여겼지만, 일시적인 상황이 아닐 것 같은 직감에 찜찜한 마음을 거둘 수 없었다. 혹시나 해서 냉장고 고장과 관련된 기사를 찾아보니 우리 집 냉장고와 비슷한 증상에서 비롯된 폭발 사고도 있었다고 한다. 그러고 보니 소음뿐 아니라 기계가 제 기능을 못 하고 있었다. 냉동실에서는 편의점에서 사 온 얼음과 성에가 다 녹아 주방 바닥까지 흐르고 있었고 냉장실에선 김치 쉰 냄새가 진동했다. 큰일을 면하기 위해 전원을 꺼두었다. 하루가 지나니 그 안엔 미지근해진 맥주와 녹아버린 고기, 더 이상 발효될 수 없는 상태까지 익어버린 김치와 곰팡이 핀 반찬들만 남았다. 모두 냉기를 필요로 하는 것들이고 냉기가 없다면 내게 필요 없어지는 것들이다. 나는 일주일이 지나고서야 서비스 센터에 문의했다. 다시 냉장고를 쓸 수 있기까지 일련의 과정(센터 번호를 찾고 전화하고 기사님 방문 날짜 잡고 일정 비워뒀다가 수리하는 걸 지켜보고 값을 치르기까지)들이 귀찮았지만, 하루에 적어도 두 잔은 내려 먹는 커피에 얼음을 넣을 수 없다는 것을 더는 버틸 수 없었다.

한 시까지 방문하기로 했던 기사님은 예정된 시간보다 한 시간 정도 늦게 도착했다. 그는 연신 사과를 했지만, 며칠간 고된 일정으로 지쳐있던 나는 그에게 불만을 가질 힘도 없었기에 괜찮다며 억지로 웃어 보였다.

"컴프레셔 문제네요. 이게 15년 전에 나온 모델인데 보통 냉장고 수명은 8~9년 정도 된다고 보시면 돼요. 20년씩 사용하신 분들은 대단한 운이 따른 거죠. 만약 컴프레셔를 교체하신다고 하면 25만 원 정도의 견적이 나오는데 그럴 바엔 차라리 새 냉장고를 사시는 게 좋을 거예요. 워낙 노후 된 기계이다 보니 회로에도 문제가 많을 테고 어쩌면 부품이 단종 됐을 수도 있고요. 중형 냉장고는 안 비싸요."

기사님은 말을 마치며 내려놓았던 두직한 가방을 도로 뗐다. 그리고는 본인이 한 일도 없는 데다 늦게 온 게 미안했다며 출장비를 받지 않겠다고 했다. 대신 높은 평점을 남겨주길 바랐고 오늘 일찍 퇴근하는 것을 비밀로 해줬으면 한다는 부탁을 받았다. 나는 입막음을 하는 대신 출장비 2만 원을 지불하지 않는다는 꽤 합리적인 제안을 받아들이면서 거래를 마쳤다. 불과 10분도 채 되지 않는 순간 동안 많은 일이 지나갔다. 낯선 이가 찾아왔고 고장 난 내 물건을 면밀히 살펴봐 주었으며 대처 방법을 알려주었다. 열흘간 냉장고를 쓰지 못하면서 느꼈던 큰 불편함과 달리 상황은 빠르고 간단하게 마무리됐다.

가끔 팔이나 다리에 작은 상처가 생길 때면 이 부위에 닿는 것들이 이렇게 많았나 할 때가 있다. 옷을 입을 때나 자면서 뒤척일 때 살갗과 마찰을 일으키는 것들로부터 통증을 느끼게 되니 말이다. 태어나면서부터 당연히 사용하던 물건이라 대단히 쓸모 있는 것이라고 여기지 못했던 냉장고가 고장 나면서 많은 것들이 마비됐다. 새것을 들이기 전까지 집에서 밥을 해먹는 것이 어려워졌고 냉동 보관해야 하는 식자재는 이제 집에 들일 수 없다. 무엇보다 당분간 아이스커피를 마실 수 없다는 게 여전히 가장 큰 불편함이었다.

기사님이 떠나고 홀로 남은 집에서 커피를 내려 미지근한 물과 섞는다. 내가 조금 더 관심을 갖고 잘 살폈더라면 냉장고의 수명은 더 길어질 수 있었을까 하는 생각이 스친다. 헤어진 연인과의 관계를 돌이켜보는 것과 같은 생각을 해보는 거다. 자취를 시작하면서 중고로 얻어온 녀석은 나 모르게 이미 10년이란 세월을 살아냈다고 한다. 수명을 다한 이 녀석은 곧 고물상에 내던져질 것이다. 새 냉장고를 들이면서 하게 될 반가운 안녕과 그동안 함께 한 냉장고를 떠나보내며 해야 할 아쉬운 안녕이 교차하겠지. 생각지도 못했던 사실들을 한꺼번에 받아들여야 하는 상황에 놓이게 됐다.

따뜻함에 가까운 미지근한 커피. 5년간 내 양식들을 품어주며 노고를 한 냉장고가 유명을 달리하면서 당분간 이 맛없는 커피를 마셔야 하는 절망에 놓이게 됐지만, 이것 말고도 내가 얼마나 많은 것에 무심하며 살았을까 하는 생각에 커피 맛도 잘 안 느껴진다. 고작 냉장고 하나 고장 난 것뿐인데 그보다 많은 것들을 잃어버린 것 같다.

적당히 행복해

 그는 적당히 행복하다는 말을 자주 하는 사람이었다. 그의 표정을 보아하니 과한 행복을 누리고 싶어 하지 않아 하는 것처럼 보였다. 기대하고 싶지 않는 것 같았고 크게 행복하더라도 그게 큰 행복이라 믿고 싶지 않아 하는 것 같았다. 적당히 행복하다는 표현은 불행이 닥쳤을 때 또한 적당한 불행이라 여기고 싶은, 순전히 자신을 지키기 위한 방어기제인 것 같았다. 큰 행복 뒤엔 그만한 불행이 올 거라는 염세적인 생각이 나와 닮았기에 그의 가치관을 받아들이는 데에 어려움은 없었다.

 반대로 적당히 행복하다는 말은 작고 보잘 것 없어 누군가에게 업신여겨지는 삶이라 할지라도 그깟 남의 판단 따위에 방해 받지 않고 행복할 수 있는 기폭제 역할이기도 했다. 크지 않은 것도 사실이고 행복한 것도 사실이니까. 뜯어보면 행복이라는 것은 만족할 만큼 누릴 것인지, 누린 만큼 만족할 것인지로 나뉘는 것 같다. 그러니 부디 나는 그에게 적당한 절망이었으면 좋겠다는 생각을 했다. 우리가 이별하게 되면 느낄 슬픔 역시 그에게 가장 큰 아픔은 아니길 바라기에.

안전장치

　　오늘도 지독한 하루를 살아냈다. 직장에선 엉뚱한 문제에 휘말리게 됐고 친구와는 오해가 생겼으며 연인과는 사소한 다툼이 크게 번졌다. 어쩜 삶은 이리도 마음처럼 되지 않는 걸까. 왠지 내일도 오늘과 비슷한 하루가 펼쳐질 것 같은데 내일 하루쯤은 안 살 수 없을까. 집으로 돌아와 벗어 던진 옷가지엔 걱정과 근심, 슬픔과 우울, 좌절과 암담함이 군데군데 묻어있다. 어머니가 이를 보신다면 아직도 어린아이처럼 뭘 묻히고 다니냐고 잔소리를 할 것만 같았다. 어린아이가 아니어도 뭘 묻히고 다닐 수도 있어요, 엄마. 한숨을 푹 쉬며 뭐 더 묻은 게 없는지 꼼꼼히 살펴봤지만 여전히 보이던 것들만 보였다. 행복 같은 것은 어디에도 묻어있지 않았다. 세탁을 해야 하는데 왜 행복은 묻어있지 않은 거지. 묻었다면 떼어서 잘 보관한 다음에 세탁하고 싶은데. 아무리 찾아봐도 보이지 않았다.

원래라는 말을 싫어하지만, 원래라는 말을 쓸 수밖에 없을 때가 있다. 원래 불행의 빈도는 상대적으로 행복보다 앞선다고 할 때나 원래 인생이 그런 거지라는 말을 할 때처럼 좌절을 애써 담담하게 표현하고 싶을 때면 정말, 어쩔 수 없이, 원래라는 말을 쓰고야 말게 된다. 그래 원래 그런 거지. 원래 삶이라는 게 그렇잖아. 원래 인간이라는 게 이따위 자위가 없으면 살아갈 수 없잖다.

귀찮으니 세탁은 뒤로하기로 한다. 어두운 방에서 형광등 대신 방 한편에 있는 주광색 스탠드를 켠다. 하나로는 어둑하니 반대편에 있는 같은 색의 작은 조명을 더 켠다. 곧이어 냉장고 깊숙이 넣어둔 맥주를 꺼내와 테이블에 올려두고 블루투스 스피커를 휴대전화와 연결한다. 즐겨 듣는 재즈를 틀고 인센스에 불을 붙인다. 친구들을 초대하면 앉으려고 샀던 소파 의자에 눕듯이 앉아 맥주를 한 모금 마시며 내가 좋아하는 모든 것들을 가동시킨다. 잔잔하게 깔리는 재즈 선율과 시원한 맥주를 들이켜니 아무 생각도 들지 않는다. 나를 괴롭히는 스트레스로부터 멀찍이 떨어진 것 같다. 그제야 아무리 꼼꼼히 찾아봐도 보이지 않던 행복이 가슴팍에 조금 묻어있는 걸 찾을 수 있게 됐다. 왜 아까는 보이지 않았던 걸까. 가만 보면 행복과 불행은 순차적으로 오는 게 아니라, 여러 사건이 찰나의 순간에 쾅!

하고 파편 튀듯 쏟아지는 것 같다. 쉴 새 없이 들이닥치는 사건과 사고 속에서 내가 어느 것에 더 집중하느냐에 따라 행복한 감정을 끌어안게 되는지 불행에 짓눌리게 되는지 나뉘는 것 같았다. 그래, 칠칠찮게 온갖 해로운 감정들을 묻혀서 집으로 돌아올 수 있지. 밖에서 행복만 묻혀서 돌아오는 경우가 얼마나 되겠어. 원래 인생이라는 게 이따위잖아. 그러나 나에겐 은은한 조명과 시원한 맥주, 잔잔한 재즈와 향기로운 인센스가 있다. 밖에선 태풍을 맞는 현수막처럼 만신창이가 될지라도 집에서만큼은 나를 안온하게 하는 몇 가지 장치들에 의지하며 치유하는 거다. 원래 인생은 그런 거니까.

서서히 내일은 살고 싶지 않다는 생각이 걷힌다. 나를 기쁘게 할 수 있는 것들을 모르고 살았더라면 나는 아직도 밖에서 묻혀온 불행들에 여전히 시달리고 있었을지도 모른다. 어쩐지 조금 오싹하다.

계절을 닮은 당신

　봄의 산뜻함은 별로 느끼지도 못했는데 꽃가루 알레르기와 황사는 오래 남는다. 가을의 선선함 역시 봄에 질세라 그토록 짧게 지나치면서 낙엽은 바닥을 한참 뒹군다. 당신은 왜 하필 봄과 가을을 닮은 것인가. 왜 스치는 것은 짧고 여운은 오래 남는 것인가.

굳이

보고 싶다는 말과 걱정하지 말라는 말의 용도부터 다르게 느끼는 둘이 만났다. 연애가 퍼즐 놀이라고 한다면 우린 하나도 맞춰 놓지 않은, 그러니까 최소한의 공통점도 없는 데다 많은 것이 다른 둘이었다. 사실 하나도 맞춰 놓지 않은 퍼즐을 맞춰나가는 게 더 쉬운 일일 수도 있다. 우리는 아예 퍼즐 틀과 피스를 제작해서 그 안에 그림까지 손수 그리고 어디서 퍼즐을 맞출 건지 시간과 장소까지 정해야 시작할 수 있는 수준으로 난해하고도 복잡할 정도로 맞지 않았으니 말이다. 그럼에도 하려고 한다 사랑을. 이토록 기괴한 삶을 자처하는 우리가 때론 몹시 애처롭고 안타깝다.

내 마음인데 왜

서편으로 비행기가 날아간다. 손에 잡힐까 그 방향으로 뛰어보면 가만히 서서 보던 속력보다 더 빠른 속도로 도망간다. 잡아보려 무던히도 애썼지만 끝내 잡히지 않던 당신. 다가가면 더욱 멀어지던 당신이 생각났다. 더욱 잘해주겠노라고 바닥에 머리를 찧고 다짐을 해봐도, 어르고 달래며 웃어도 보고 떼를 써 봐도 나와는 눈도 안 마주치던 당신이 떠올랐다. 무심한 당신은 더 이상 내 곁에 없다. 사랑하는 행위는 전과 같은데 이젠 둘이 아닌 나 혼자 사랑한다는 것만 달라졌다. 전 연인의 생각으로 앓고 있는 수많은 사람처럼 나 또한 당신 생각으로 몇 개의 하루들이 마비됐다. 미련한 나는 언젠가 돌아올지도 모르는 당신을 위해 당신으로 향해 있는 내 마음을 그대로 두었다.

몇 달을 더 앓았다. 여전히 돌아오지 않는 당신이 너무 원망스러워 더는 당신을 사랑하지 않겠노라 그리로 쏠려 있던 내 마음을 되돌리려 했지만, 당최 마음대로 조종할 수 없었다. 내 마음은 내 것이니 내 뜻대로 움직일 수 있을 거라는 생각은 큰 착각이었다. 처음 당신을 알게 되고 이젠 남이 된 지금까지도 나는 한 번도 내 마음을 뜻대로 조작해본 적이 없다. 그리로 속절없이 끌려 들어간 것은 분명 내 뜻이 아니었다. 이제 보니 당신을 사랑하게 한 마음도 당신이 조종한 것이 아니었는지, 당신에게만 마음을 작동시킬 수 있는 장치가 있었던 것은 아니었는지 싶다.

 어디서 어떻게 지내는지도 모르는 당신에게 마지막으로 부탁할 기회가 생긴다면 우리의 관계를 다시 생각해달라는 말 같은 건 하지 않을 거다. 그저 내 마음이 제자리로 돌아갈 수 있게만 조종해달라고 하고 싶다.

가냘픈 시간

    속수무책으로 흐르는 이 시간이 아쉬워서 잡히지도 않는 걸 붙잡아두고 싶어 하다가 때론 또 너무 더디게 흐르는 게 아니냐며 보낼 수도 없는 걸 브내려고 한다. 잡을 수도 놓을 수도 없는 시간을 가지고 너무 애쓰더라, 우리는.

츄러스는 무슨 맛일까

 나는 그 흔하다는 츄러스를 아직까지 먹어보지 못했다. 츄러스는 무조건 여자친구와 놀이공원에서 먼저 먹어야 한다는 로망 때문이다. 여태껏 여자친구와 놀이공원을 가보지 못한 나는 츄러스라는 것을 구경만 해봤을 뿐, 먹을 수는 없었다. 누군가가 간식으로 츄러스를 먹자고 할 때면 아직 애인과 놀이공원에서 먹지 못했기 때문에 다른 것을 먹자고 하거나 내 생각이 나서 사 온 선물이 공교롭게도 츄러스일 때는 유통기한이 다 지날 때까지 먹지 않고 기다리다가 깜빡했다고 합리화를 하면서 버리곤 했다.

 로망에 극성을 떠는 내 모습을 본 주변 사람들은 그냥 먹으면 되지 뭔 놈의 로망이냐고 하지만 내게 츄러스는 무려 십 년이 넘도록 품어온 로망이다. 그 기간을 떠나 로망이라는 것은 한 사람의 꿈이자 희망이고 바람인 것이다. 당신들은 어려서부터 키워온 희망과 바람을 극성이라 치부할 수 있겠냐는 말이다. 츄러스에 대한 로망이란 것을 가진지 꽤 오랜 시간이 흐른 뒤에 애인이 놀이공원을 가자고 했다. 내 로망을 실현해주겠다는 그녀의 말에 나도 드디어 츄러스라는 것을 먹어볼 수 있겠구나 싶어서 전날 잠자리에 들 때부터 가슴이 쿵쾅댔다. 우리는 잠실로 향하는 지하철에 올라타 손을 꼭 잡았다. 평소에 아무렇지 않게 잡던 그녀의 손이 그날따라 어찌나 든든했는지 모른다. 마치 동생이 친구에게 맞고 울며불며 집에 들어오면 어떤 놈이 때렸냐며 그의 집을 찾아가 정의를 실현해주는 형처럼, 애인은 나의 오래 묵은 로망을 실현해주는 든든한 해결사 같았다.

  도착해서 보니 많은 학생이 이미 빽빽하게 줄을 서 있었다. 개학을 앞둔 2월 말이라서 그랬는지 우리는 소위 말하는 눈치 게임에 실패한 것이다. 문제는 평소에 사람이 붐비는 장소를 끔찍하게 여겨서 아무리 배가 고프고 미치도록 덥고 추워도 사람 많은 식당이나 카페는 안 가는 게 나라는 놈이라는 거다. 걸어가면 오 분이면 갈 수 있는 거리를 인산인해를 이루면 이십 분씩 돌아가는 경우도 허다하다. 그런 내게 인파가 차고 넘치는 놀이공원을 내 발로 들어간다는 건 한파로 꽝꽝 얼어버린 한강을 깨고 들어가는 것이나 다름없을 정도로 피하고 싶은 일이었다.

애인에게 미안하지만 집으로 돌아가자고 했다. 사람들이 많은 곳에 끼어 있으면 답답해서 숨도 잘 안 쉬어질뿐더러 그렇게 예민해지면 이 시간을 제대로 즐길 자신이 없다고 했다. 다행히 그녀는 내 뜻을 받아들여 줬다. 내가 뜬금없이 그러는 게 아니라 평소에도 싫어하던 상황을 마주한 것뿐이니 순순히 넘어가 주는 것 같았다. 나는 2주 뒤쯤에나 다시 오면 분명 오늘보다 사람이 없을 거라면서 그녀를 대충 다독였다. 그녀는 황당하고도 서운했을 거다. 남자친구의 로망을 실현해주겠다며 날을 잡고 먼 길까지 왔는데 말 같지도 않은 이유로 집에 돌아가자고 하니 서운한 걸 넘어 어이가 없고 기가 찼을 테다.

잠실에는 놀이공원 외에도 쇼핑몰이나 영화관 같이 즐길 것들이 많아서 다른 방법으로라도 애인을 달래줄 법도 했지만 나는 얼른 수많은 인파 속을 벗어나고 싶다는 생각 밖에 안 들었다. 그리고 겨우 집으로 돌아가는 열차에 올랐는데 곧 충격적인 사실을 알게 됐다. 놀이공원 방면으로 향하는 열차보다 집으로 향하는 열차에 올랐을 때 더 큰 쾌감이 들었기 때문이다. 로망 실현에 실패했는데 왜 아쉽지 않을까. 사실 나는 오랫동안 품었던 로망이 이루어질 것이라는 기대를 하면서도 이 로망이 깨지는 것에 대한 두려움도 갖고 있었다. 로망이란 실현하고자 갖는 꿈이자 희망이지만 한편으론 실현하기 이전에 설렘을 가질 수 있는 장치이기도 했기 때문이다. 조금은 더 순수할 수 있고 아직 밟아보지 못한 미지의 세계에 대한 기대를 로망을 이루는 순간 할 수 없다는 것이 내심 걸렸던 것이다.

오늘 수많은 인파를 뚫고 놀이공원에 입장해 츄러스를 먹었더라면 남들이 경험한 세상의 한 부분을 나도 알게 됐을 수도 있다. 하지만 어쩌면 모두가 아는 그 맛을 나도 안다며 시시해 했을 수도 있다. 아직 긁지 않은 복권이 가치가 있는 것은 역시 답을 모르기 때문이기에. 로망이란 꿈 꾸는 단계에서 더욱 아름다울 수도 있기에.

아직도 많은 로망이 가슴 속에서 넘실거린다. 모두 실현하고 싶었던 건 줄 알았던 오래된 로망 중에는 실현되지 않을 때야 비로소 아름다울 로망이 더 많을 수도 있겠다. 츄러스는 무슨 맛일까.

내가 괜찮아지기 전까지는

 요즘은 굳이 책을 사지 않고 SNS만 둘러봐도 여러 사람의 글을 볼 수 있다. 손가락 터치 몇 번이면 저명한 작가의 글과 희대의 명언들을 접할 수 있는 거다. 좀처럼 휴대폰을 손에서 놓지 않는 현대인에게 SNS 속 글이란 여름 하늘의 구름처럼 매우 가깝게 다가오는데, 그런 글을 볼 때면 세상에 존재하는 수많은 위로와 응원의 글이 나를 두고 떠난 전 연인에게만큼은 눈엔 띄지 않았으면 좋겠다고 생각한다. 휴대전화만 열면 나를 잊고 털어낼 방도들이 차고 넘치기 때문이다.

 그에게서 내가 잊혀지는 것을 아직 인정할 수 없다. 이기적이지만 전 연인에게는 외롭고 쓸쓸한 글들만 보여서 나와의 이별을 후회하고 몇 날을 비통함으로 지냈으면 좋겠다. 그 글들이 며칠 밤을 나로 지새우고 그리워하다가 다시금 나를 찾게 되는 계기가 됐으면 좋겠다고 생각한다. 참 못됐지만 적어도 내가 괜찮아지기 전까지는 부디 그랬으면 좋겠다.

약속

 도대체가 어떻게 된 건지 잘할게, 항상 웃게 해줄게, 말 잘 들을게, 화내지 않을게, 한 번 더 생각하고 말할게 등의 약속들이 아직 유효하고 있질 않다. 내가 했던 모든 약속과 장담들은 휘몰아치는 폭풍에 힘없이 떠내려간 초가집 같았다. 뭐가 그리 성급했는지 모르겠지만 급한 마음에 대충 지은 집처럼 꾸며낸 말투성이였다.

 진심은 순간에 있다는 말을 들었던 적이 있다. 그 말은 경솔한 듯 뱉는 말에도 진심이 깃든 거라는 말로, 준비가 되지 않은 상태에서 무턱대고 몰아치는 애정표현을 긍정적으로 받아들이는 데에 큰 일조를 하기도 했다. 그러나 나는 그 말을 '순간에만 있는 진심'으로 바꿔버렸다. 진심밖에 없고 진심뿐이라던 때의 진심도 그저 한순간에만 존재하는 것이었다는 결말을 만드는 놈이었다. 이미 늘어놓은 진심이라는 껍데기를 까보니 그 속엔 알맹이가 없었다. 끝이 보이지 않는 자괴감으로 빨려 들어간다. 나는 진심을 논할 자격이 없는 놈이다.

일 년 중
가장 별로인 날

 아침에 눈을 뜨고 확인한 전화기엔 누구의 연락도 없다. 평소와 같이 일을 해야 한다. 시간이 지났음에도 여전히 전화기는 조용하다. 나 혼자 밥을 먹는다. 잠에 들 시간이 되면 방의 불을 끄고 조용하게 하루를 마무리한다. 평상시랑 다를 거 없이 평범한 하룬데 굳이 속상한 건 뭐람. 시끌벅적하고 번잡한 걸 극도로 싫어해서 잔잔하게 흘러가는 하루가 참 다행이고 만족스러운데 괜히 의미를 두게 해서 도무지 좋아할 수가 없다. 생일이란 날은.

 생일을 안 좋아하게 된 지도 오래됐다. 아주 어려서부터 생일에 관한 대단한 추억이랄 것도 없었고 자연스레 특별한 사람이 되어본 적도 없었다. 일찍이 테니스 선수의 길에 접어들었으니 하루가 시작되면서부터 끝날 때까지 테니스장에 살아야 하기도 했고 가족끼리도 생일이기에 색다른 하루를 만들어주는 분위기 또한 아니었으니까. 주변의 친구들과 비교해보면 내 생일은 그저 미역국을 먹는 날 그 이상 그 이하도 아니었다. 상대적 박탈감을 꼭 이런 데서 느껴야 하는 걸까. 어릴 땐 그들에 비하면 나는 생일이 없는 사람 같다는 생각도 했다.

한 살 한 살 먹어갈수록 내 생일을 기억해주는 사람이 있을까 하는 기대와 작년엔 잊지 않고 챙겨줬던 사람이 올해는 잊었나 보네 하는 실망들이 반복된다. 기대와 실망이 반복되다 보니 차라리 생일이었다는 걸 모를 정도로 바빠서 일주일 뒤에 아, 지난주에 내 생일이었구나! 했으면 좋겠다는 생각도 해봤다. 헌데 그다저도 생일 이틀 전부터 미용실이나 병원, 쇼핑몰 같은 곳에서부터 보내오는 생일 축하 메시지 때문에 쉽지 않은 일이다 그런 영혼도 없는 축하 메시지는 안 받는 것만 못하다.

사실 특별한 사람이 되지 못해서 싫은 게 아니다. 남들처럼 성대한 파티를 받지 못해서 싫은 게 아니다. 친하다고 생각한 몇 친구들에게 축하를 못 받으면 우린 진정한 친구가 아니었다거나, 나만 친하다고 생각했다거나, 어떻게 내 생일을 모를 수 있냐는 옹졸한 생각을 하는 내 모습이 싫은 것이다. 고작 그런 거로 우정의 농도를 따지려 하고 관계의 추를 갖다 대려 하다니. 비열하고도 쪼잔한 나를 보게 되는 날이니 구역질이 절로 나는 것이다. 기대를 안 하면 아무렇지도 않을 텐데 어디 그게 쉬운 일인가. 이거 참, 죽기 전까지 생일을 겪어야 한다니.

고민상담

　　가슴에 케케묵은 고민을 털어놓는 사람 앞에서 내가 할 수 있던 건 새처럼 고개를 끄덕이며 이야기를 들어주는 것밖에 없다. 그럼에도 무슨 까닭인지 그들은 고맙다는 말을 연신 해댄다. 그럴싸한 대비책이나 현답을 주지 못해 고맙다는 말이 괜히 멋쩍었는데 언젠가 나도 그랬던 적이 있었다는 걸 떠올렸다. 내 이야기를 들어주기만 한 것만으로도 썩을 대로 썩어버린 고민의 악취로부터 해방감을 느꼈던 적이. 우리는 어렴풋이 알고 있을 수도 있다. 안고 있는 고민에 대한 가장 명쾌한 답이랄 것을 제일 잘 알고 있는 사람은 그 자신이라는 것을. 고민이란 그저 바깥 공기를 마시는 것만으로도 무게를 덜 수 있다는 것을. 들어주는 사람은 수신 상태 좋은 귀와 작은 공감 능력만 갖추면 그만이라는 것을.

취향

      대화에 앤드 유가 없는 사람과는 두 번 다시 엮이고 싶지 않고 무뚝뚝한 섹시함에는 저항이 불가능하다. 술을 좋아하고 잘 먹는 사람은 여전히 좋다. 흐려질 줄 아는 동공이, 한쪽 꼬리만 올라갈 줄 아는 입이, 쫑긋거리는 귀가, 멋들어지게 찡그리는 미간과 담백한 자기주장이 좋다. 약속 관념이 허술한 사람과는 오래 알고 지낼 필요가 없고 침묵을 즐길 줄 아는 사람과는 함께 여행을 가도 괜찮다. 나는 나의 취향에 대해 이렇게나 잘 알지만, 자신을 피력하는 일이란 때론 스스로를 고립시키는 방법이기도 해서 사람들과의 괴리감이 두려워질 때면 나조차도 내 취향을 모른 척하고 살 때가 많다.

양면성

　　내가 간절할 때 상대로부터 어쩔 수 없다는 말을 들으면 그렇게 무책임해 보이고 미운데, 상대가 간절할 때 내가 곤란하면 어쩔 수 없다는 말로 상황을 타개하려는 이 양면성을 어쩌면 좋을까.

간절함이 초라해지더라도

고백을 수없이 받아온 A는 이성들이 자신에게 열광하는 것을 잘 알고 있다. 끊임없이 대시하는 사람들을 두고 모두가 똑같다며 큰 흥미를 느끼지 못하는 그 순간, 고백의 경험이 전무한 B의 절절한 고백을 받는다. B는 일생일대의 용기를 내어 건넨 간절한 고백이었지만 A에겐 어제도, 그제도 받았던 흔한 고백 중 하나로 치부되어 특별하게 와 닿지 않는다. A는 결코 나쁜 사람이 아니고 B의 고백도 가벼운 게 아니지만, B에게는 이 상황이 잔혹하기만 하다. 누구의 마음이 더 무겁고 누구의 고백이 더 고결하다고 어떻게 증명할 수 있을까. 사람과 사람이 엮인 일엔 모두 상대성을 띠는지라 억장이 무너지고 비통해도 불평을 하거나 따질 수 없다. 마음이 마음대로 되지 않기 때문에 우리는 인연과 타이밍에 그토록 의존하게 된다.

병신새끼

　　세상에 믿을 사람 하나 없다는 걸 알면서도 또 이렇게 믿는다. 확실한 검증이 되기까지 여러 과정을 거치기로 했지만 금세 그걸 잊고 하이패스 단말기를 단 차량이 요금소를 통과하는 것처럼 사람들을 막힘없이 내 안으로 들인다. 다시는 누구에게도 깊숙한 나의 내면을 보여주지 말아야지. 솔직하게 헐벗은 내 모습을 보여주지 말아야지. 신뢰하는 사람에게 배를 까고 드러누워 치부를 보여주는 건 강아지가 하는 일이니까. 초라하고 약한 모습을 보여주면 인간적인 사람으로 느끼는 게 아니라 오히려 약점이 되곤 하니까. 사람에게 데일 때마다 다시는 그러지 말자며 수많은 다짐을 하지만 달라지는 건 없다. 여전히 사람을 좋아하고 잘 믿는다. 속이고 배신하며 아픔을 준 사람을 탓하지 않는다. 당하고 당했음에도 사람을 좋아하는 내가 바보 같은 것일 뿐. 아픔은 내 몫이다. 책임 또한 내 몫이다. 무언가를 좋아하려면 아플 준비도 같이 해야 한다.

빛 좋은 개살구

　　겉이 번지르르해서 속 또한 그럴 줄 알고 만났던 사람이 있다. 얼마 가지 않아 너덜너덜해질 정도로 상처만 받고 끝난 비극적인 관계였는데 문득 별로 친하지 않던 선배가 지나가듯 던진 말이 생각났다.

　"멀쩡해 보인다고 아무거나 주워 먹지 마라. 배탈 난다."

누군 하고 싶어서 하나

'너는 대체 왜 그런 걱정을 하고 사냐?'라고 묻는 사람에게 '너는 왜 그딴 질문을 하고 사냐?'라고 대답했어요. 짐작컨대 이런 말을 일삼는 사람은 타인의 상황에 이해하는 '척'하는 사람이거나 자신이 겪어본 것에 대해서만 이해할 수 있는 공감 능력이 떨어지는 사람일 확률이 높을 테니까요. 진짜 내 편은 내 걱정을 쉬쉬하거나 석연치 않은 의문을 품진 않을 거예요. 무슨 일이 있던 건지 관심을 가져주고 어떻게 해야 마음이 편안해질지 함께 고민하는 노력을 보여줄 겁니다.

마음을 어지럽히는 걱정을 누군 갖고 싶어서 가질까요. 누구든 내 걱정을 함께 나눌 순 없어도 이에 이해할 수 없다는 의문을 품는 사람은 믿고 거르기로 했습니다. 목에 핏대를 세워가며 내 상황을 설명해줘도 돌아오는 건 여전히 이해가 안 된다는 표정과 말뿐일 테니까요.

에필로그

퇴근하고 집 근처 순대국밥 집에서 국밥과 소주를 시켰습니다. 옆 테이블엔 50대 후반쯤으로 보이는 아저씨 두 분이 있었는데 뚝배기의 내용물은 거의 그대로였고 소주병만 쌓여 있었습니다. 그들의 바로 옆에 앉았다 보니 자연스레 대화를 듣게 됐는데 내용인즉슨, 친누나와 다투고 서먹한 상태라 고민이라는 겁니다. 어른들의 고민이란 지구온난화나 북핵 문제, 오존층 파괴나 부당해고처럼 지구나 가정이 흔들릴 만큼 큼지막한 것들일 거라 생각했는데 고작 친누나와의 다툼 같은 시시한 문제로 골머리를 앓고 있다는 게 신선한 충격이었습니다.

한 시간 동안 같은 주제로 한숨을 푹푹 쉬고 있는 아저씨와 특별한 위로랄 거 없이 고개를 끄덕이며 이야기를 들어주는 반대편 아저씨를 보며, 나이에 따라 범위의 차이는 있겠지만 유별나게 특별한 일이 생기지 않는 한 나는 지금 하고 있는 고민들과 비슷한 고민을 죽을 때까지 하며 살겠구나 싶었습니다.

시시하면서도 다행이었습니다. 어설픈 위로를 받고 되레 상처가 된 사람들은 위로라는 게 얼마나 무겁고 어려운 행위인지 알 수 있을 겁니다. 때문에 힘내, 곧 좋은 일이 생길 거야, 넌 잘 할 수 있어 라는 막연한 응원과 위로를 하고 싶진 않았습니다. 대신 당신과 비슷한 고민을 세상의 이곳저곳에서 하고 산다는 이야기를 들려주고 싶었습니다. 동질감이 가장 큰 위로일 거라 생각하기 때문입니다.

이 글을 마치면 또 동네 국밥집에서 순대국밥과 소주를 마실 겁니다. 숟가락으로 뚝배기를 긁고 후루룩 국물을 마시는 소리가, 소주잔이 부딪치며 찌푸려진 미간에서 나오는 말들로 저는 또 한 번의 심심한 위로를 받을 테니까요. 오늘도 혼자 집에 있어야 할 테니 이왕이면 국밥집에 오래 머물러야겠습니다.

집에 혼자 있을 때면

초판 1쇄 발행 | 2020년 01월 13일

지은이	이석환
그림	방현지(@ba___ang)

발행인	신하영 이현중	도서기획	신하영 이현중
편집	신하영 이현중	펴낸곳	Deep&Wide
주소	(07292) 서울특별시 영등포구 영등포로 29길 5, B1층 49호		
이메일	deepwidethink@naver.com		
ISBN	979-11-968126-1-4		

이 도서의 국립중앙도서관 출판예정도서목록(CIP)은 서계정보유통계원시스템 홈페이지(http://seoji.nl.go.kr)와 국가자료종합목록시스템(http://www.nl.go.kr/kolisnet)에서 이용하실 수 있습니다.

ⓒ Deep&Wide, 2020

파본은 구입하신 서점에서 교환해 드립니다.
이 책은 저작권법에 의하여 보호를 받는저작물이므로 무단 전재와 복재를 금합니다.

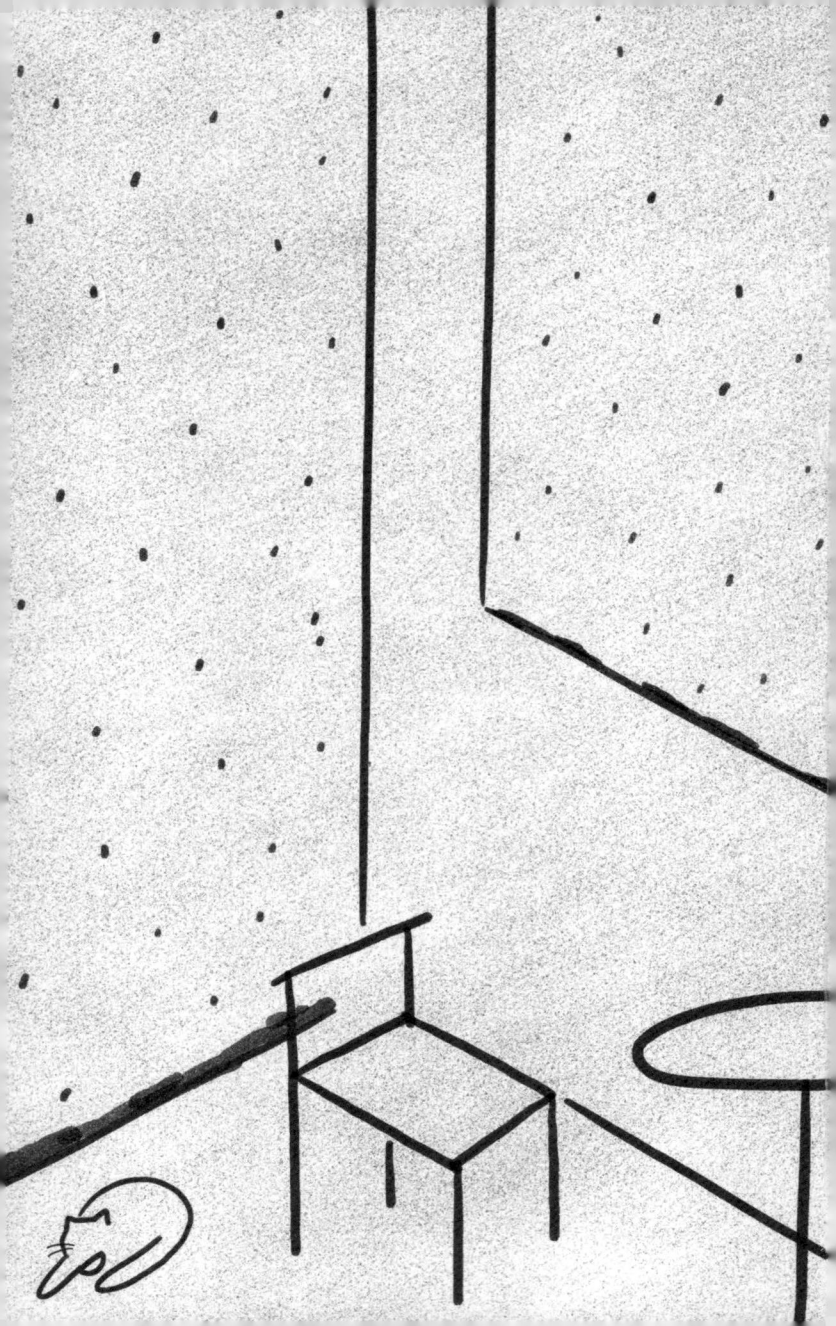